Educando os Educadores em Turismo:

Manual de Educação em Turismo e Hospitalidade

Educando os Educadores em Turismo:

Manual de Educação em Turismo e Hospitalidade

Coleção de Treinamento e Educação em Turismo da Organização Mundial de Turismo

Chris Cooper

Rebecca Shepherd

John Westlake

ROCA

Traduzido do Original
Educating the Educators in Tourism: A Manual of Tourism and Hospitality Education

Copyright © 1996, 1st Edition The World Tourism Organization
　　　　　　　　　　　　　　The University of Surrey
ISBN: 92-844-0151-8

Copyright © 2001, 1ª Edição pela Editora Roca Ltda.
ISBN: 85-7241-338-3

Nenhuma parte desta publicação poderá ser reproduzida, guardada pelo sistema "retrieval" ou transmitida de qualquer modo ou por qualquer outro meio, seja este eletrônico, mecânico, de fotocópia, de gravação, ou outros, sem prévia autorização escrita da Editora.

Traduzido por
Rosemary Neves de Sales Dias
Cíntia Kaori Yokota
Laura Martins Arnstein

Dados Internacionais de Catalogação na Publicação (CIP)
(Câmara Brasileira do Livro, SP, Brasil)

Cooper, Chris
　Educando os educadores em turismo : manual de educação em turismo e hospitalidade / Chris Cooper, Rebecca Shepherd, John Westlake ; [traduzido por Rosemary Neves de Sales Dias, Cíntia Kaori Yokota, Laura Martins Arnstein]. -- São Paulo : Roca, 2001.

　Título original : Educating the educators in tourism.
　"Uma coleção de treinamento e educação em turismo da Organização Mundial de Turismo"
　Bibliografia.
　ISBN 85-7241-338-3

　1. Hospitalidade – Estudo e ensino 2. Hotéis – Administração – Estudo e ensino 3. Turismo – Estudo e ensino I. Shepherd, Rebecca. II. Westlake, John. III. Título.

01-2142　　　　　　　　　　　　　　　CDD – 338.479107

Índices para catálogo sistemático:

1. Turismo : Estudo e ensino　　338.479107

2001

Todos os direitos para a língua portuguesa são reservados pela

EDITORA ROCA LTDA.
Rua Dr. Cesário Mota Jr., 73
CEP 01221-020 – São Paulo – SP
Tel.: (011) 221-8609 – FAX: (011) 220-8653
e-mail: edroca@uol.com.br – www.editoraroca.com.br

Impresso no Brasil
Printed in Brazil

Índice

Objetivos XI
Sobre os Autores XIII
Abreviações XV
Introdução XVII

Seção de Estudo 1: Desenvolvimento do Estudo de Turismo e Hospitalidade 1

Unidade de Estudo 1

Definindo Turismo e Hospitalidade 11

1.1 Disciplina ou Matéria de Área? 11
1.1.1 Definindo Disciplina 11
1.1.2 Definindo Matéria de Área 12
1.2 Onde se Encaixa o Turismo? 12
1.3 Definição de Turismo 14
1.4 Definição de Hospitalidade 23
1.5 Para Pensar 24

Unidade de Estudo 2

Evolução dos Estudos de Turismo e Hospitalidade 27

2.1 Influências Históricas na Educação em Turismo 27
2.2 Turismo – Origem 30
2.3 Influências Históricas na Educação em Hospitalidade 30
2.4 Atividade do Aprendiz 32
2.5 Provisão da Educação em Turismo 33
2.6 Provisão da Educação em Hospitalidade 34
2.7 Recursos para Educação em Turismo 35
2.7.1 Jornais 35
2.7.2 Estatísticas Internacionais 35
2.7.3 Livros Didáticos 36
2.7.4 Literatura e Fontes Relacionadas à Educação em Turismo e Hospitalidade 36
2.7.5 Desenvolvimento de uma Comunidade Acadêmica 37
2.7.6 Associações Profissionais 37
2.7.7 Redes Educacionais 38
2.8 Para Pensar 38

Unidade de Estudo 3

Problemas Enfrentados na Educação em Turismo e Hospitalidade 41

3.1 Problemas Enfrentados por Educadores em Turismo e Hospitalidade 41
3.2 Problemas para a Hospitalidade 44
3.3 Para Pensar 46

Seção de Estudo 2: Currículo e "Design" de Curso para Educadores em Turismo e Hospitalidade 47

Unidade de Estudo 4

"Design" de Currículo e Curso: Abordagem Teórica 55

4.1 Modelos de Currículo 55
4.1.1 Modelo Simples 55
4.1.2 Outros Modelos 57

4.2 Abordando o Currículo 61
4.2.1 Conteúdo Versus Processo de Abordagem 61
4.3 Atividade do Aprendiz 63
4.4 "Feedback" e Comentários 64
4.5 Abordagem de Conteúdo para "Design"
de Currículo e Curso 64
4.5.1 Metas 65
4.5.2 Para Pensar 65
4.5.3 Objetivos 66
4.5.4 Atividade do Aprendiz 68
4.5.5 "Feedback" e Comentários 68
4.5.6 Sumário 69
4.5.7 Conteúdo 70
4.5.8 Para Pensar 72
4.5.9 Métodos 72
4.5.10 Objetivos e Métodos de Ensino 72
4.5.11 Avaliação e Métodos de Ensino 72
4.5.12 Conteúdo e Métodos de Ensino 73
4.5.13 Para Pensar 73
4.5.14 Avaliação 73
4.5.15 Resumo 75
4.5.16 Avaliação de Currículo 76
4.5.17 Impedimentos 76
4.5.18 Para Pensar 77
4.6 Abordagem de Processo 77
4.6.1 Integração de Currículo 78
4.6.2 Integração Horizontal 78
4.6.3 Articulação Vertical 79
4.7 Modelos de Integração Horizontal
e Articulação Vertical 79
4.7.1 Integração Horizontal 79
4.7.2 Articulação Vertical 80
4.7.3 Inter-relações entre Integração Horizontal e Articulação Vertical 81
4.8 Críticas ao Processo de Abordagem 82
4.8.1 Resumo 84
4.9 Para Pensar 84

Unidade de Estudo 5

"Design" de Currículo e Curso para Educadores em Turismo e Hospitalidade 87

5.1 Introdução 87
5.2 Por que Estudar Turismo e Hospitalidade? 88
5.2.1 Primeira Razão: Turismo como Atividade de Comércio ... 89
5.2.2 Segunda Razão: Turismo como um Importante Empregador ... 89

5.2.3 Terceira Razão: Turismo como Suporte Econômico 90
5.2.4 Quarta Razão: Profissionalismo e Educação em Turismo 90
5.2.5 Quinta Razão: Impactos do Turismo 91
5.2.6 Visão Geral 91
5.3 Contexto de Educação em Turismo 92
5.4 Abordagens de Educação em Turismo/Provisões Atuais 93
5.4.1 Primeira Abordagem: Estudo de Turismo Propriamente Dito 94
5.4.2 Segunda Abordagem: Turismo como Aplicação 96
5.4.3 Terceira Abordagem: Treinamento Vocacional para Turismo.... 97
5.5 Abordagens de Educação em Hospitalidade/Provisões Atuais ... 99
5.5.1 Visão Geral 101
5.6 Padronização dos Currículos: Desafio para a Educação em Turismo e Hospitalidade 102
5.6.1 Padronização dos Currículos 102
5.7 Para Pensar 104

Unidade de Estudo 6

Conhecimento Total e Atividades de Pesquisa 107

6.1 Conhecimento Total e Estudos de Turismo 107
6.1.1 Modelo da Sociedade de Turismo 108
6.1.2 Modelo de Jafari 109
6.1.3 Conhecimento Total da CNAA 111
6.2 Estudos de Hospitalidade e Conhecimento Total 112
6.3 Conhecimento Total em Turismo e Hospitalidade e Questões de Pesquisa 113
6.4 Para Pensar 116

Unidade de Estudo 7

Abordagens Interculturais da Educação em Turismo e Hospitalidade 119

7.1 Introdução 119
7.2 Atividade do Aprendiz 119
7.3 Abordagens Interculturais do Ensino em Turismo 120
7.4 Abordagens Interculturais da Educação em Turismo 121
7.4.1. Abordagem Canadense 121
7.4.2 Abordagem Americana 121
7.4.3 Abordagem no Reino Unido 123
7.4.4 Abordagem Alemã 123

7.4.5 Perspectiva Européia da Educação Intercultural em Turismo 124
7.4.6 Visão Geral 124
7.5 Abordagens Interculturais de Educação
em Hospitalidade 124
7.5.1 Abordagem Canadense 124
7.5.2 Abordagem Americana 126
7.5.3 Abordagem no Reino Unido 127
7.5.4 Abordagem Alemã 127
7.5.5 Algumas Informações Adicionais 127
7.5.6 Estudo de Caso: Educação Intercultural em Turismo 127
7.5.7 Visão Geral 128
7.6 Educação em Turismo nos Países
em Desenvolvimento 128
7.6.1 Para Pensar 129

Seção de Estudo 3: Ensino na Educação em Turismo e Hospitalidade 131

Unidade de Estudo 8

Tendências na Provisão do Treinamento e Educação em Turismo e Hospitalidade 139

8.1 Introdução 139
8.2 Aprendizado a Distância 139
8.3 Modulação 141
8.4 Planos de Transferência de Acúmulo
de Crédito (CATS) 142
8.5 Reconhecimento do Aprendizado Experimental
Prévio (APEL) 143
8.6 Educação Contínua 143
8.7 Treinamento com Base na Informática (CBT) e Aprendizado com
Assistência da Informática (CAL) 144
8.8 Ensino a Distância de Curso: Perspectiva Européia 145
8.9 Para Pensar 146

Unidade de Estudo 9

Abordagens de Educação a Distância em Turismo e Hospitalidade 149

9.1 Introdução 149
9.2 Trabalho de Campo e Visitas a Localidades 150
9.3 Estudos de Caso e Exercícios Práticos 151

9.4 Métodos de Avaliação na Educação em Turismo
e Hospitalidade 152
9.5 Para Pensar 155

Seção de Estudo 4: Questões para Educadores em Turismo e Hospitalidade 157

Unidade de Estudo 10

Questões 163

10.1 Debate sobre Currículo Básico 163
10.2 Interface Educação-Indústria 166
10.3 Questões sobre "Design" de Currículos 167
10.4 Visão Geral 169
10.5 Número de Formandos Versus Oportunidade
de Trabalho 170
10.6 Colocação de Trabalho 170
10.7 Questões de Qualidade em Educação em Turismo 171
10.8 Questões sobre Empregados 172
10.9 Treinamento Versus Educação em Turismo e Hospitalidade 173
10.10 Questões de Hospitalidade 176
10.11 Para Pensar 176

Seção de Estudo 5: Visão Geral de Turismo e Educação em Hospitalidade 177

Unidade de Estudo 11

O Futuro 179

11.1 Introdução 179
11.2 Questões Relacionadas à Indústria do Turismo 180
11.2.1 Geral 180
11.2.2 Abordagens de Gerenciamento 181
11.2.3 Planos de Carreira 181
11.2.4 Entendendo os Benefícios da Educação e Treinamento 182
11.3 Questões Relacionadas ao Treinamento e
Educação em Turismo 183
11.3.1 Problemas de Definição 183
11.3.2 Imaturidade 184
11.3.3 Cursos 184
11.3.4 Educadores 185
11.3.5 Superprodução de Estudantes 185
11.3.6 Parcerias entre Indústria e Educação 186
11.4 Para Pensar 186

Bibliografia e Referências 189

Objetivos

Listados abaixo, você encontrará a meta global para a qual este livro foi planejado e objetivos individuais que foram definidos como cruciais para ir ao encontro destas metas. A meta e os objetivos determinam e complementam aqueles identificados como específicos no início de cada uma das cinco unidades de estudo.

Meta

Desenvolver e manter os padrões no ensino das matérias de turismo e áreas relacionadas, como as de recreação e lazer.

Objetivos

Dar às pessoas envolvidas no ensino de matérias sobre turismo o desenvolvimento de regras englobando os estudos a ele relacionados e as fontes de informação, habilidades e técnicas para melhor capacitá-los a desempenhar esta tarefa.

Assunto

Incentivar os participantes a valorizar os conceitos, disciplinas e o conjunto de conhecimentos que abrangem a natureza do tema turismo. Ter idéias claras sobre o que é o turismo, o que ele implica e abrange.

Planejamento

Incentivar o desenvolvimento de um currículo apropriado, relevante para necessidades e exigências de vários grupos de estudantes e da indústria do turismo.

Recursos

Desenvolver a conscientização das várias fontes de informação disponíveis para estudantes e professores.

Abordagem Estruturada e Clara

Desenvolver métodos de ensino específicos à educação de turismo e demonstrar a utilidade de exercícios e estudos práticos, dando novas idéias e novos materiais.

Relacionamento

Considerar o relacionamento entre treinamento e educação e sua aplicação na indústria do turismo.

Sobre os Autores

John Westlake – Conferencista Sênior em Turismo e Diretor de Educação Contínua do Departamento de Estudos de Gerenciamento da Universidade de Surrey. Tem como "background" planejamento e geografia e trabalhou previamente no Governo Central como pesquisador. Atuou como consultor em atividade de treinamento em diversos países.

Dr. Chris Cooper – Conferencista Sênior em Turismo do Departamento de Estudos de Gerenciamento da Universidade de Surrey. É graduado pela University College London, PhD em Geografia de Turismo, também da UCL. Antes de se juntar ao Departamento, trabalhou em marketing de comércio de viagem e lazer e tem experiência considerável em cursos de planejamento, lazer, recreação e turismo em nível superior. Escreveu vários livros didáticos sobre Turismo e participou de diversos projetos na área.

Rebeca Shepherd – Conferencista em Turismo da Universidade de Surrey. Graduou-se no Departamento de Estudos Gerenciais em 1988 e trabalhou como consultora de marketing antes de voltar ao Departamento como Oficial de Desenvolvimento de Cursos de Turismo e Hospitalidade, em 1990. Assumiu sua posição atual em agosto de 1993.

Abreviações

Organizações/Corpos

AHMA	Associação Americana de Hotéis e Motéis
ATTT	Associação de Professores e Estagiários em Turismo
BTEC	Conselho de Negócios e Educação
BEC	Conselho de Educação e Negócios
CEDEFOP	Centro Europeu para Desenvolvimento de Treinamento Vocacional
CGLI	Cidade & Grêmio para Desenvolvimento de Treinamento Vocacional
CHRIE	Conselho para Restaurantes de Hotéis e Gerenciamento de Educadores Institucionais
EIESP	Instituto Europeu de Educação e Política Social
HCIMA	Associação de Gerenciamento Institucional de Hotel e Buffet
HCTC	Companhia de Treinamento de Hotel e Buffet
NCVQ	Conselho Nacional para Qualificação Vocacional
NEDC	Conselho Nacional de Desenvolvimento Econômico

OECD	Organização para Desenvolvimento Cultural e Econômico
SCOTCEV	Conselho Educacional e Vocacional Escocês
STTE	Sociedade de Educadores em Viagem e Turismo
TTRA	Associação de Pesquisa em Viagem e Turismo

Outras Abreviações

APEL	Reconhecimento de Aprendizado Experimental Prévio
CAL	Aprendizagem Assistida por Computador
CATS	Esquema de Transferência de Acumulação de Crédito
CBT	Treinamento Baseado em Computador
CE	Educação Continuada
GCSE	Certificado Geral de Educação Secundária
HND	Diploma Nacional
NVQ	Qualificação Vocacional Nacional

Introdução

Este livro é um resumo da abordagem adotada pela Organização Mundial de Turismo (OMT) no ensino de seus programas de turismo *Educando os Educadores*. Desde os meados da década de 80, estes programas para educadores e administradores de turismo têm sido requeridos por governos nacionais. Cada vez mais governos não apenas reconhecem a contribuição do turismo para seus países, mas também pela grande importância de uma força de trabalho constituída por profissionais bem-treinados para gerenciar o produto turismo. Em vários países, a infra-estrutura de treinamento e educação em turismo ainda está se estabelecendo, enquanto que, em outros, o sistema já é maduro. Em certo sentido, a lacuna existente que este livro vem preencher parte da fase inicial das áreas de hospitalidade e turismo e a conseqüente necessidade de estabelecer uma forma e abordagem disciplinadas à educação e ao treinamento. É claro que os problemas e as agendas de turismo são diferentes em cada país; mas acreditamos que os princípios gerais da educação em turismo e hospitalidade são universais, demandando uma implementação em nível local que é sensível ao princípio do "turismo endêmico" da Organização Mundial de Turismo; em outras palavras, cada destino individual tem suas características especiais. Este livro é elaborado na experiência dos autores em ensinar o programa *Educando os Educadores* em todo o mundo. Fornece um manual de abordagem e os problemas envolvidos na educação em turismo e hospitalidade. O livro resume os principais estágios do desenvolvimento de uma estrutura de educação e treinamento para turismo, os passos e decisões a serem tomadas ao preparar um roteiro turístico e, finalmente, uma série de questões é identificada: as que devem ser consideradas por qualquer instituição ou agência, embarcando na iniciativa de treinamento de educação em turismo e que são focalizadas na natureza distinta do turismo como uma matéria acadêmica e as necessidades específicas do setor. Também acreditamos que este livro será de valor como uma primeira tentativa de unir todas as fontes desconectadas da educação em turismo e hospitalidade, para conectá-las à literatura educativa atual. É claro que em áreas de matérias tradicionais, um livro como este não seria necessário – as questões e discussões foram resolvidas, um lugar comum determinado e uma experiência de peso são disponíveis a novatos. Isto não é o caso em turismo e hospitalidade. Estas, certamente de um ponto de vista acadêmico, são matérias relativamente novas e, como este livro demonstrará, a imaturidade desta matéria cria vários problemas. Até a terminologia em nível básico é confusa. Em vários países pensa-se que a hospitalidade está inclusa no turismo; enquanto que em outros as raízes históricas diferenciais de turismo e hospitalidade significam que são vistas como matérias separadas, com abordagem e literatura distintas. Existem vários outros assuntos e questões a serem tratados pelo educador em turismo e hospitalidade. Neste livro, esperamos propor um meio esclarecedor para este assunto caótico. Particularmente, tentamos conectar a prática da educação em turismo e hospitalidade com teorias gerais de educação (como por exemplo no setor de preparação de roteiro) e também as questões mais genéricas que dizem respeito aos assuntos de gerenciamento e administração (como o papel e o valor da contratação de pessoal neste ramo). Acreditamos que esta seja uma importante forma de promover o assunto: uma matéria em estágio de desenvolvimento que foi ligada aos anos primordiais dos estudos sobre administração nas décadas de 30 e 40. É, portanto, vital, que aqueles envolvidos no desenvolvimento e na transmissão do assunto forneçam um serviço de qualidade e alto padrão. Isto ajudará a assegurar a aceitação do assunto pelos acadêmicos e o público em geral. Este livro, portanto, foi produzido com o intuito de fornecer uma diretriz na qual materiais e filosofias existentes possam ser integrados, auxiliando o leitor em seu trabalho de educação em turismo e hospitalidade.

Chris Cooper
Rebeca Shepherd
John Westlake
Março, 1996

Seção de Estudo 1

Desenvolvimento do Estudo de Turismo e Hospitalidade

Seção de Estudo 1

Estudo Sugerido

Objetivos da Seção

Ao término desta unidade de estudo, você deverá ser capaz de:

- Identificar e discutir os maiores problemas enfrentados atualmente pelos educadores em turismo e hospitalidade;
- entender as diferenças entre disciplina e matéria e discutir o estado atual do estudo de turismo neste contexto;
- mapear a evolução do desenvolvimento do turismo e hospitalidade e identificar as influências históricas educacionais que afetaram a apresentação dos assuntos no currículo atual;
- demonstrar conhecimento geral sobre o tipo e as precauções relativas à educação atual no turismo e hospitalidade da Grã-Bretanha, Europa e globalmente; e
- discutir as oportunidades e problemas enfrentados hoje pela educação no turismo e hospitalidade.

Porém, antes de você começar este módulo, desejamos apontar algo importante: hospitalidade é um setor da indústria do turismo, apesar de que tecnicamente seus elementos, como serviço de buffet, não estão diretamente incorporados a ele, mas alguns autores, como *Stear* (1981), sugerem que o significado da hospitalidade dentro do turismo é exagerado. É com isto em mente que muitos dos setores neste módulo fazem referências predominantemente ao turismo. Como resultado, onde se lê "turismo", deve-se entender hospitalidade como um derivado já incluso, a não ser seja feita uma nota especial, onde este não seja o caso.

Onde questões e problemas de hospitalidade diferem daqueles de turismo, incorporaremos ao texto uma informação adicional no local apropriado. Conseqüentemente, grande parte da Unidade de Estudo 1 é dedicada à apresentação geral e a maioria das informações incluídas refere-se especificamente a turismo, mas dentro disso questões de hospitalidade estão também, inerentemente, compreendidas.

Visão Geral da Seção de Estudo

Crescimento do turismo

Como um educador na área de turismo ou hospitalidade (ou talvez ambos), você se conscientizará de que esta é uma das áreas de educação de maior crescimento e mudança em todos os níveis, tanto na Grã-Bretanha, quanto internacionalmente.

As implicações dessas mudanças para os educadores são de longo alcance e você já terá, por experiência própria, tido uma idéia das questões que a transformação e o crescimento nas precauções estão levantando.

O perfil da educação de treinamento do turismo foi elevado como resultado do aumento do reconhecimento, pelos círculos governamentais, da sua importância econômica. De acordo com *Ritchie* (1988), o turismo desenvolveu uma importante influência nos círculos educacionais, governamentais e sociais, como um dos setores de maior indústria mundial, demandando uma infra-estrutura educacional mais sofisticada e uma força de trabalho mais competente.

Esta é uma visão que você pode querer questionar. Você acha, por exemplo, por experiência própria, que o turismo está começando a receber a atenção e o crédito que merece dos governos como uma das principais fontes de economia? Você acha que há um novo entendimento dentro de qualquer indústria no sentido de se criar um mercado de turismo com qualidade e que para isso, educação e treinamento são essenciais? Você tem notado a vontade, por parte da indústria, em investir na educação voltada para o turismo e/ou em empregar estudantes que foram educados especificamente para ir ao encontro das necessidades desta área? Estas são as questões com as quais você está familiarizado e enquanto você prossegue neste módulo, elas serão discutidas várias vezes.

Sem levar em conta as conclusões a que você chegou com relação ao parágrafo anterior, você pode estar consciente de uma outra questão que está tendo um importante efeito na educação em turismo e hospitalidade em várias partes do mundo: o comprometimento dos governos em ampliar o acesso à educação e para aumentar o número de estudantes que visam qualificações pós-compulsórias.

Em grande parte do mundo desenvolvido, turismo e hospitalidade são vistos como um importante papel nas metas governamentais, no sentido de atrair estudantes para a área de turismo: estudantes são levados ao estudo de turismo – provavelmente por razões errôneas como as idéias enganosas de aventura e charme. Conseqüentemente, as instituições vêem a implementação dos cursos de turismo como uma boa maneira de atrair mais alunos para alcançar suas metas em relação ao número de estudantes.

Como resultado, a expansão da educação em turismo e hospitalidade parece continuar segura, pelo menos por um futuro previsível. Provisão de curso, número de alunos, nível de corpo docente e (espera-se) recursos parecem que vão aumentar e você provavelmente percebe as pressões e problemas que podem surgir nos próximos anos. Estaremos discutindo isso em detalhes a seguir, na próxima unidade de estudo, mas queremos introduzir as questões mais importantes que você deve lembrar enquanto lê o final desta unidade.

Questões

- Por experiência própria, você perceberá que a indústria de turismo é altamente fragmentada e praticamente não possui descrição. Porém, é seguro assumir que hospitalidade é um dos setores-chave da indústria de turismo já que um pernoite é um componente essencial em quase todas as definições de turismo. As definições da Organização Mundial de Turismo podem ajudar neste caso.

- Não existe concordância legítima entre governo, indústria e acadêmicos no que realmente consiste a indústria do turismo: portanto, se um setor não pode ser fundamentalmente definido e suas atividades bem-documentadas, as necessidades do setor com respeito à educação e treinamento são impossíveis de ser identificadas, de forma compreensível.

- Por ser a indústria do turismo uma área tão extensa, suas definição e categorização plenas tornam-se extremamente difíceis. Não existe des-

Dificuldade em definir estudos de turismo

crição aceita universalmente do que realmente é turismo. Você pode ter encontrado o problema nas suas aulas, principalmente quando está tratando com alunos novatos, e ele se reflete em todos os níveis da educação de turismo.

- Como conseqüência dessa falta de clareza, não existe concordância plena sobre a qual área pertence o estudo de turismo em vista de outras mais bem-estabelecidas. É comum, como resultado disto, encontrar o turismo incorporado superficialmente a outro departamento sem ter nenhum relacionamento e conectado a uma variedade de cursos que não estejam ligados a ele. Também é importante frisar que, como resultado das dificuldades em defini-lo, educadores em turismo e hospitalidade com freqüência não são respeitados como o são os conferencistas e professores de outras disciplinas onde definições básicas foram há muito tempo resolvidas.

Imaturidade

- Este problema é ainda mais exacerbado pela relativa imaturidade do turismo como área de estudo: foi apenas recentemente que ele foi visto pelo mundo acadêmico em geral como uma matéria que tem credibilidade e vale a pena ser considerada pelo seu valor.

- Isto tem muitas implicações para a educação em turismo: por exemplo, você pode ter percebido que, como um educador da área, está bastante isolado dentro da sua própria instituição. Você pode nem ser um especialista em turismo, mas talvez uma pessoa trazida de um outro curso que tenha alguma ligação com a matéria, como por exemplo, geografia.

- Você pode também ter notado que, diferentemente de outras disciplinas e áreas de estudo, o turismo não tem um fórum estabelecido que incentive a discussão entre educadores, a troca de idéias, a discussão de problemas e não define uma área comum para o futuro desenvolvimento do setor.

- Por outro lado, hospitalidade e suas diretrizes educacionais associadas têm experimentado um crescimento estável desde suas origens. A hospitalidade amadureceu nos últimos 50 anos e, portanto, sua aceitação como matéria acadêmica também se multiplicou.

Demanda de mercado

- O número de educadores em hospitalidade cresceu e, institucionalmente, eles são menos difíceis de tratar. Hoje é bastante comum que universidades tenham departamentos de hotelaria e buffet, resultando em assistência mútua entre o corpo docente e os educadores em hospitalidade em um ambiente fechado e definido.

- A falta de profissionais de turismo com experiência apropriada na indústria e qualificações relevantes pode tornar-se um grande problema. Dado o aumento previsto na demanda de estudantes e a proliferação de cursos que emergirão como resultado disso, você já está, provavelmente, prevendo os possíveis problemas associados ao recrutamento de pessoal.

- Mesmo que profissionais com qualificações e experiência estejam disponíveis para ensinar em cursos em crescimento constante (a pesquisa sugere que não há profissionais disponíveis – *Cooper, Scales e Westlake*, 1992), você sem dúvida ouviu argumentos sugerindo que alunos formados em instituições relacionadas ao turismo não serão capazes de encontrar os empregos desejados e que a indústria simplesmente não absorverá os formandos, pois o mercado de trabalho não tem disponibilidade para tanto, principalmente durante os períodos de recessão.

- Além disso, ouvindo a opinião da indústria sobre os formados em turismo nos parece que ela não quer, necessariamente, recrutá-los, mas talvez prefira escolher formandos com habilidades transferíveis e que possam ser treinados para assumir cargos dentro da indústria turística. Este ponto será explorado mais tarde nesta seção de estudo, quando discutirmos outras questões atuais da educação em turismo e hospitalidade.

    Demanda industrial

- Porém, para os educadores em hospitalidade a situação é diferente. Em primeiro lugar, a maioria deles teve experiência na indústria, embora isto possa ser mais limitado à área de educação superior. Além do mais, porque os cursos de hospitalidade foram estabelecidos há algum tempo, muitos terão qualificações, talvez até diploma, relacionados a hotelaria e buffet.

- Finalmente, para concluir, enquanto o relacionamento entre os departamentos de hospitalidade e indústria está longe do perfeito, existe um "acordo de paz" e cada um pelo menos é consciente das necessidades e exigências do outro. A maneira com que se lida com este conhecimento é algo que será discutido neste módulo, mas o ponto mais importante a ser notado no momento é que os canais de comunicação estão abertos. Além do mais, existem sugestões de ainda haver uma escassez de profissionais formados em hospitalidade para ocuparem as posições de treinamento gerencial disponíveis na indústria. A recessão econômica das décadas de 80 e 90 pode ter sido útil em relação a alguma mudança na situação e essas questões serão discutidas com mais detalhes, a seguir, neste módulo.

    Cessar fogo

Estas questões foram resumidas por *Cooper, Shepherd e Westlake* (1992). O artigo cobre os seguintes pontos:

Equilibrando quantidade e qualidade

- Aumento da demanda estudantil e suas razões;
- perigos associados à superprovisão de cursos tendo em vista a capacidade da indústria em absorver profissionais formados em cursos de turismo;
- implicações do corpo docente junto ao crescimento das provisões;
- relativa imaturidade da área e suas conseqüências para a educação em turismo; e
- natureza da indústria de turismo e suas implicações na educação em turismo.

Essencialmente, o artigo trata de como equilibrar quantidade com qualidade: como os dois devem interagir; como o controle de qualidade deve ser implementado, controlado e mantido para assegurar que o turismo se desenvolva em uma direção positiva. Estaremos retornando ao tema de qualidade periodicamente, já que esta é uma consideração central para o desenvolvimento da educação em turismo.

Para Pensar

Muitos dos problemas da educação em turismo podem ser atribuídos à imaturidade do corpo docente. Porém, existem outras pressões que estão sendo exercidas sobre a área e que foram mencionadas nesta seção e serão exploradas a seguir.

Para que estudar turismo ou hospitalidade?

Nesse meio tempo, talvez seja apropriado considerar o seguinte: por que a hospitalidade e o turismo, como indústria, devem ser separados e distintos para estudo? Apesar do significado econômico do turismo e hospitalidade, essas áreas, como se contesta, não têm mais valor como estudo individual e de análise do que, digamos, a produção de carros e tal esfera da atividade industrial não tem nenhum sentido acadêmico.

1 *Seção de Estudo*

Unidades de Estudo

1. Definição de Turismo e Hospitalidade

2. Evolução dos Estudos de Turismo e Hospitalidade

3. Problemas Enfrentados na Educação em Turismo e Hospitalidade

Unidade de Estudo 1

Definindo Turismo e Hospitalidade

1.1 Disciplina ou Matéria de Área?
1.1.1 Definindo Disciplina
1.1.2 Definindo Matéria de Área

1.2 Onde se Encaixa o Turismo?

1.3 Definição de Turismo

1.4 Definição de Hospitalidade

1.5 Para Pensar

1
Definindo Turismo e Hospitalidade

1.1 Disciplina ou Matéria de Área?

Seguindo nosso exame do desenvolvimento de turismo e hospitalidade como áreas para envolvimento acadêmico, precisamos verificar os termos que podemos usar para nos referirmos ao turismo e à hospitalidade. Especificamente, estamos nos remetendo à discussão sobre o turismo e a hospitalidade representarem disciplinas ou áreas de estudo – e se isso realmente importa.

1.1.1 Definindo Disciplina

A disciplina tem um número de características com as quais você está provavelmente familiarizado.

- Possui uma estrutura estabelecida de teoria que foi alimentada e estendida por meio de pesquisa e discussões, que servem para definir seu currículo; *Teoria*

- é um ramo formal e reconhecido de uma instituição que deve ser legítima e de valor; e *Reconhecimento*

- ela tem *status* e credibilidade e envolve treinamento mental reconhecido por ambas as partes: aluno e educador. *Status*

1.1.2 Definindo Matéria de Área

A matéria de área não possui realmente o *status* e a credibilidade de uma disciplina, mas é um tópico de séria consideração acadêmica e pode até mesmo ser tomada como o estágio crucial pelo qual uma área de estudo deve passar antes de se tornar uma disciplina verdadeira.

Características

- Possui um enfoque mais descritivo do que o baseado em evidências empíricas demonstradas pela pesquisa;
- é menos estabilizada e, comumente, é tema sobre um tópico, ao invés de um núcleo teórico claramente definido e que pode ser discutido; e
- geralmente, quando falamos de matéria de área, há pouca pesquisa ou ela é superficial no tópico que junta todos os casos de estudo e define o currículo.

1.2 Onde se Encaixa o Turismo?

O turismo é uma disciplina?

Há alguns escritores, como *Goeldner* (1988), que se referem ao turismo como uma disciplina em seus estágios iniciais, talvez no mesmo patamar em que estava Administração de Empresas, nos Estados Unidos, há aproximadamente 30 anos. Contudo, tal ponto de vista é aberto ao debate e cabe a você considerar ou não ambos os lados do argumento e estabelecer suas próprias conclusões. Por exemplo, o turismo pode, de fato, ser apresentado como uma disciplina quando, historicamente, ele tem sido usado apenas para enriquecer e exemplificar outras matérias de área tais como economia e geografia? Você acha que os preconceitos que cercam o turismo, derivados de seu uso como um mecanismo de integração entre disciplinas mais completas, podem algum dia ser eliminados?

Diríamos que o turismo foi, por muito tempo, considerado uma disciplina inferior às outras e não nos surpreende que somente agora esteja saindo do ostracismo. A posição diferencial demonstrou que não há facilidade para o desenvolvimento teórico necessário, a fim de estabelecê-la como disciplina respeitada.

Desenvolvimento do turismo como disciplina

Leiper (1981) cobre os pontos levantados anteriormente e os utiliza como fundamento para um interessante artigo. Ele discute e avalia várias abordagens sobre educação em turismo, aspectos positivos e negativos do ensino multidisciplinar e faz algumas sugestões interessantes relacionadas ao desenvolvimento do turismo como disciplina.

Em termos de hospitalidade, muitos dos argumentos e questões levantados sobre disciplina/matéria são aplicáveis. Porém, a hospitalidade evoluiu por um período prolongado e sua tradição é mais bem estabelecida, seus limites mais definidos e todo seu conhecimento é claramente distinguível.

A hospitalidade é uma disciplina estabelecida?

É discutível se a hospitalidade pode, atualmente, ser considerada como uma disciplina: retornando ao critério inicial da unidade de estudo 1, que a define, hospitalidade vai melhor ao encontro das condições necessárias, que o turismo, mas não corresponde conclusivamente às exigências. Porém, em termos práticos, é possível argumentar que a hospitalidade progrediu mais em relação ao assunto matéria/disciplina do que o seu parceiro turismo nos seguintes pontos:

- Tem um conhecimento geral mais bem estabelecido, que há muitos anos vem sendo subsidiado e estendido por pesquisas; e

- é geralmente ensinada dentro de seu próprio departamento, aceito, embora não reconhecido, como legítimo.

Todavia, você ainda pode sentir, se for um praticante da hospitalidade, que sua "arte" ainda não tem o *status* que merece e que suas habilidades e conhecimentos desenvolvidos dentro do contexto da hospitalidade ainda não são totalmente conhecidos e valorizados.

Credibilidade acadêmica

Evans (1988) introduziu e detalhou os problemas que circundam a educação da hospitalidade em relação ao debate disciplina/matéria. O seu artigo focou a credibilidade acadêmica do estudo da hospitalidade, concentrando-se, especificamente, no tema hospitalidade. *Evans* também se refere à questão da imagem, que muitos departamentos de hospitalidade enfrentam.

Ele responde às críticas feitas pelos educadores em arte liberal ("liberal arts") aos educadores em hospitalidade, baseadas no fato de que os programas de hospitalidade são responsabilizados por ensinar aos alunos "como fazer" e "não como pensar". Relacionando isto ao critério da disciplina, você poderá concluir que departamentos de hospitalidade não são vistos como academicamente verossímeis.

Educação em hospitalidade

Por outro lado, você poderá pensar que este artigo reflete apenas uma visão (um tanto quanto extremista) não acadêmica de que a hospitalidade vai melhor ao encontro do critério disciplina do que *Evans* sugere. De qualquer maneira, não há uma resposta certa ou errada e você deve interpretar as evidências para decidir onde (e se) a educação em hospitalidade se encaixa no currículo acadêmico.

1.3 Definição de Turismo

Como já identificado na Seção de Estudo Geral, existem inúmeros problemas para identificar o setor turismo e incorporar todas as considerações em apenas uma definição. Isto, por sua vez, tem implicações em posicionar o turista e a atividade que ele ou ela executa, ou seja, turismo.

Identificando o setor turismo

Porém, apesar desses problemas, existem muitas definições de turismo que foram debatidas através dos anos por vários autores e, enquanto estas podem ser discutidas infinitamente, parece mais apropriado simplesmente selecionar duas que refletem a abordagem geral deste módulo.

A definição intuitiva mais lógica é aquela citada por *Mathieson and Wall* (1982) e, para os propósitos deste módulo, parece ser a mais apropriada. Eles sugerem que as atividades turísticas se relacionam com: *"o movimento temporário para destino fora das residências e locais de trabalho normais, as atividades efetuadas durante esta permanência e as facilidades criadas para atender as necessidades do turista"*.

Elementos essenciais em atividade turística

A definição é apropriada para os propósitos deste módulo, já que apresenta os elementos essenciais da atividade turística. São eles:

- O turismo emerge do movimento das pessoas para um ou vários destinos e de sua permanência nesses locais;
- existem dois elementos em turismo – a viagem para o destino e a permanência no local (incluindo as atividades lá efetuadas);
- viagem e estadia acontecem fora do local de residência e de trabalho normais, fazendo com que o turismo promova atividades diferentes das desempenhadas pela população nativa;
- o movimento ao destino é de caráter temporário e de curta duração – a intenção é voltar para casa em alguns dias, semanas ou meses; e
- os locais de destino são visitados para outros propósitos e não o de lá residir ou trabalhar permanentemente.

Definição de oferta e procura

Como regra, as definições de turismo tendem mais à procura do que à oferta. Isso é atribuído ao fato de que é difícil diferenciar qual indústria relacionada ao turismo está atendendo apenas aos turistas e qual está servindo aos residentes locais e outros segmentos. Isso faz com que a definição de oferta do sistema seja relativamente difícil: é muito mais fácil concentrar-se ao lado da procura, onde os participantes podem ser mais facilmente identificados. Todavia, para parafrasear *Smith* (1989), é como definir o sistema de saúde descrevendo "pessoas doentes".

A inconsistência das definições motivou uma Conferência Internacional da OMT, em 1991, para definir turismo e medidas estatísticas. As recomendações dessa conferência foram adotadas pelas Nações Unidas, em 1993, como normas mundialmente aceitas pelo turismo internacional e interno (doméstico). Estas normas são apresentadas nas Figuras 1.1 e 1.2.

Conferência Internacional da Organização Mundial de Turismo

Em geral, essa discussão reforça as dificuldades em definir turismo, turistas e atividades turísticas, apesar de que quase todas as definições tenham um número de critérios ou elementos centrais em comum (refletidos na definição de *Mathieson and Wall*). Não obstante, enquanto isso possa parecer um debate um tanto quanto seco e acadêmico, o rigor e a disciplina que uma definição de turismo válida e funcional impõe ao assunto é vital para o desenvolvimento do conhecimento completo, respeitado e valorizado.

Observando as várias definições de turismo, apresentamos resumidamente outros modelos do sistema turístico que podem ter sido desenvolvidos a partir da definição básica. Esses modelos incorporam elementos de demanda e oferta, quando reunidos por intermediários, resultando em uma atividade turística. Muitos autores tentaram elaborar modelos de sistema turístico e consideram vários deles, detalhadamente.

Outros modelos

Iniciando com a estrutura de turismo de *Leiper* (1981) demonstrada na Figura 1.3, ele sugere uma simples abordagem em três faces – região geradora, de trânsito e de destino. É um modelo atrativo e intuitivo, que pode ser usado não somente como forma de pensar sobre o turismo, mas também como modelo útil para planejamento de curso. É possível utilizar o modelo de *Leiper* como base para muitas abordagens por outros autores, a fim de moldar o turismo.

Abordagem em três faces

Ao avaliar o modelo de *Murphy* (1985) (ver Fig. 1.4), você verá que ele se concentra em observar fatores psicológicos que influenciam a demanda (motivações, percepções e expectativas) e como esses critérios de demanda estão ligados aos intermediários no mercado (agências de viagens e operadores turísticos), para a oferta de facilidades turísticas.

Fatores psicológicos

Gunn (1979), por outro lado, desenvolveu o modelo que reflete a influência do ambiente externo e do relacionamento bidirecional entre os vários elementos do sistema. Por ter conhecimento da influência mútua que certos meios exercem sobre outros, *Gunn* enfatiza a interdependência e a importância das várias facetas do sistema turístico (ver Fig. 1.5).

Influência do ambiente externo

1. Definindo Turismo e Hospitalidade

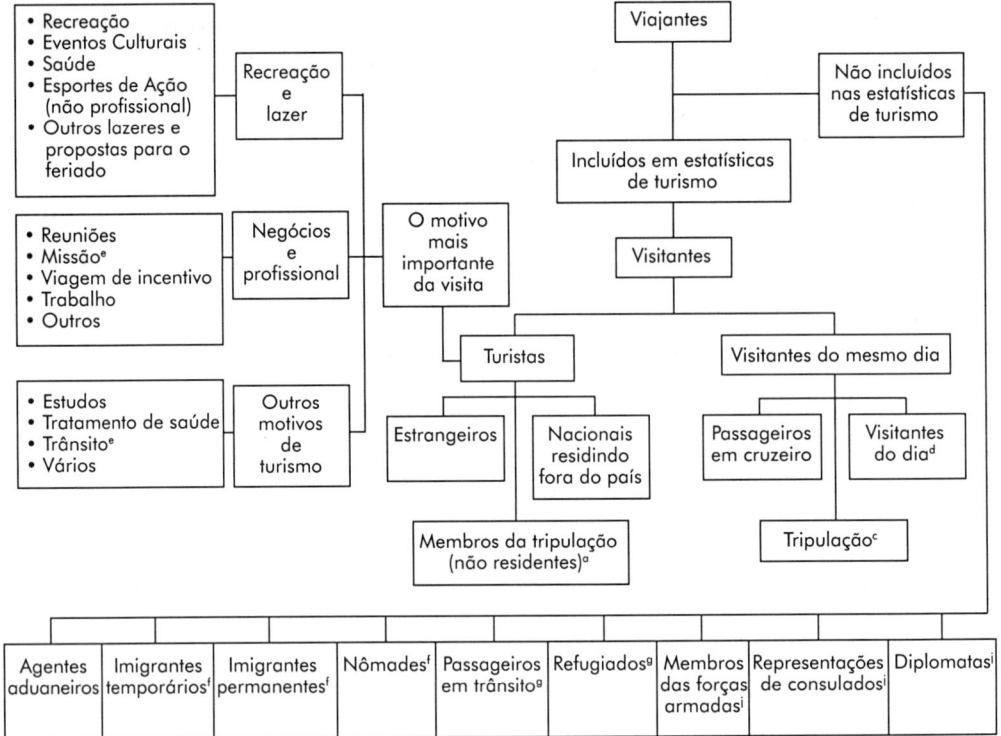

Residente

Uma pessoa é considerada residente de um país se ela:
a) viveu a maior parte do ano anterior (12 meses) naquele país, ou
b) viveu naquele país por um período mais curto e pretende retornar em 12 meses.

Turista (visitantes de pernoite)

Um visitante que permanece no país por pelo menos uma noite.

Visitante

Qualquer pessoa que viaja para um país que não seja aquele que ele ou ela vivam, por um período não excedente a 12 meses e cujo propósito principal da visita é outro que não o do exercício de uma atividade remunerada no país visitado.

Visitante do mesmo dia

Um visitante que não pernoita em uma acomodação coletiva ou privada no país visitado.

Notas

a) Membros estrangeiros de vôo ou navio atracados ou pousados e que usam as acomodações dos estabelecimentos do país visitado.
b) Pessoas que chegam a um país a bordo de um navio de cruzeiro (conforme definido pela Organização Marítima Internacional, 1965) e que pernoitam a bordo do navio mesmo quando desembarcam por um ou mais dias de visita.
c) Membros da tripulação que não são residentes no país visitado e que lá permanecem por um dia.
d) Visitantes que chegam e partem no mesmo dia para recreação e lazer, trabalho e outros propósitos turísticos, inclusive visitantes em trânsito, por um dia, em rota para outro destino.

Figura 1.1 – Classificação de visitantes internacionais.
(Fonte: Organização Mundial de Turismo)

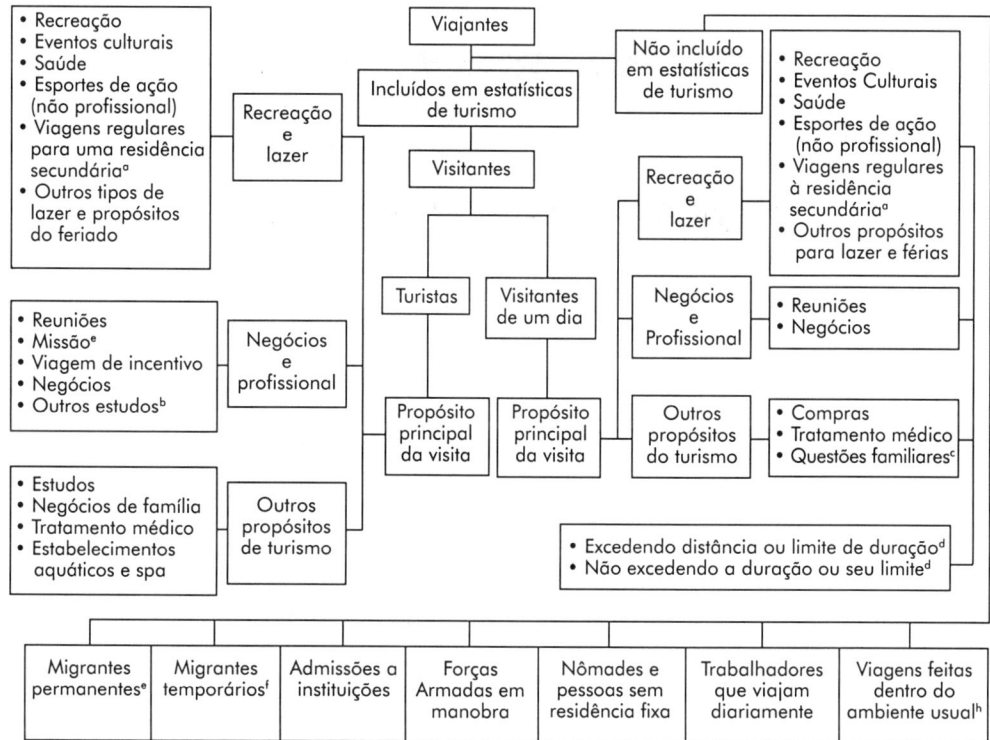

Notas

a) Viagens semanais para locais considerados como segunda residência (próprias, habitadas gratuitamente ou alugadas) as mesmas devem ser classificadas separadamente sob lazer e recreação.
b) Pessoas que viajam freqüentemente dentro do país, exemplo: membros da tripulação, motoristas, guias turísticos, vendedores e vendedores itinerantes, inspetores, artistas e esportistas.
c) Participantes de funeral, visitas a parentes doentes, etc.
d) Distância e duração mínimas de ausência e duração da jornada que deve ser requisitada por uma pessoa, para qualificá-la como visitante de um só dia.
e) Por um período maior que 6 meses, ou o tempo mínimo necessário para estabelecer uma nova residência, incluindo dependentes.
f) Por um período menor que 12 meses, com o propósito de exercer atividade remunerada no local de destino, incluindo dependentes.
g) Entrada em hospital, prisão e outras instituições.
h) Viagem de caráter rotineiro, parte de uma programação regular de negócios ou visitas freqüentes a um local por vários motivos.

Figura 1.2 – Classificação dos visitantes internos.
(Fonte: Organização Mundial de Turismo)

O modelo de *Mill e Morrison* (1992), na Figura 1.6, é de natureza cíclica e sugere que cada elemento do sistema turístico reforce e influencie o próximo.

1. Definindo Turismo e Hospitalidade

Figura 1.3 – Sistema básico de turismo (Fonte: Leiper).

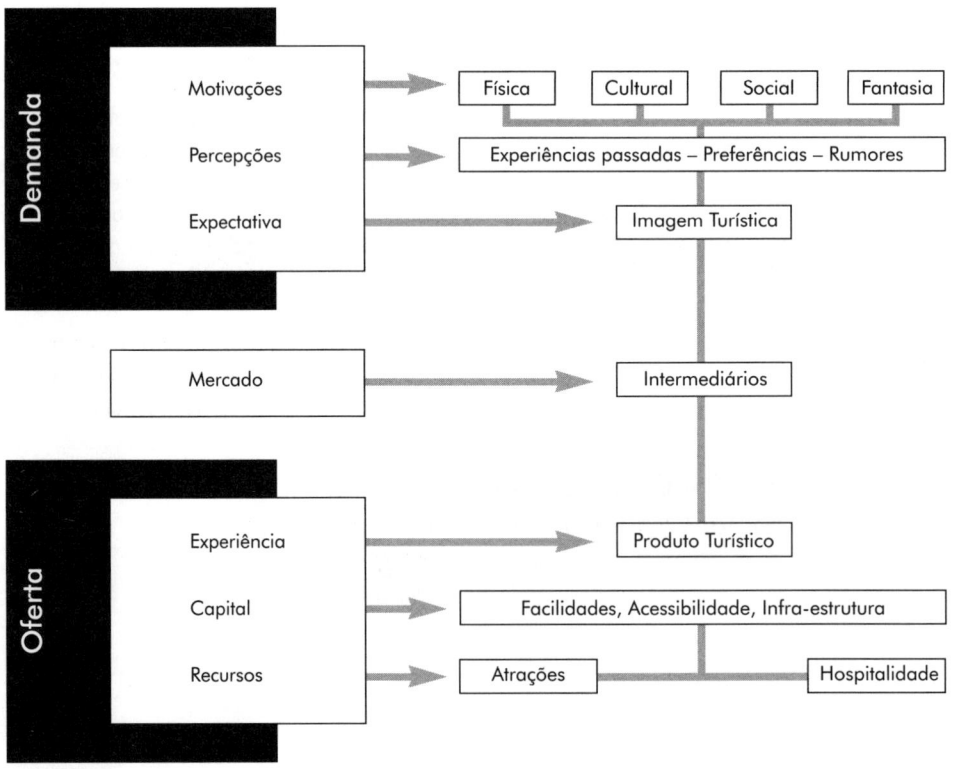

Figura 1.4 – Oferta e Demanda (Fonte: Murphy, 1985).

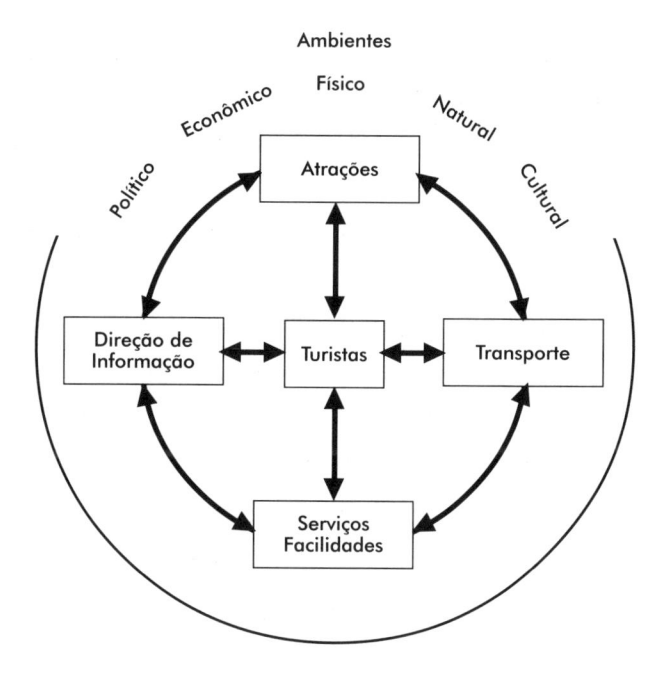

```
                        Ambientes
                          Físico
              Econômico         Natural
        Político                      Cultural

                        ┌─────────┐
                        │ Atrações│
                        └─────────┘
                             ↕
        ┌──────────┐    ┌─────────┐    ┌──────────┐
        │Direção de│←→  │ Turistas│ ←→ │Transporte│
        │Informação│    └─────────┘    └──────────┘
        └──────────┘         ↕
                        ┌─────────┐
                        │ Serviços│
                        │Facilidades│
                        └─────────┘
```

Figura 1.5 – (Fonte: Gunn, 1988).

Mercado

Abordagem do comportamento do consumidor para a demanda do mercado enfatizando influências internas e externas na viagem, incluindo as alternativas de roteiro, o "input" do mercado de ofertas turísticas e o processo pelo qual a compra é decidida.

(A compra da viagem) →
(Atingindo o mercado) ←

Viagem

Descrição e análise de grandes segmentos de viagem, fluxo de viagem e meios de transporte usados.

Marketing

Exame do processo pelo qual a área de destino e seu mercado individual de ofertas de produtos e serviços dê ênfase aos canais de distribuição, voltados para os consumidores em potencial.

(O formato da demanda de viagem) →
(Venda da viagem) ←

Destino

Identificação dos procedimentos que a área de destino deveria seguir para pesquisa, planejamento, regulamentação, desenvolvimento e serviço da atividade turística.

Figura 1.6 – (Fonte: Mill e Morrison, 1992).

Marketing da viagem

De acordo com *Mill e Morrison*, os componentes-chave do sistema são mercado, viagem, destino e marketing. Para se ter uma visão mais detalhada disso, a demanda do marketing será determinada pelo volume de influências externas que afetarão a compra da viagem. Isso influenciará o elemento do sistema turístico desde que a demanda de um produto o encoraje a desenvolver, por exemplo, redes de transporte, para atender tal procura. Isso influenciará tipo, natureza e nível de oferta de infra-estrutura turística e facilidades no destino e segmento de mercado que deve ser atraído. A maneira pela qual o destino da viagem se autopromove e comunica a oferta de seu produto para o mercado estimulará o nível de demanda de consumo, que é influenciado por um volume de fatores externos e internos. E assim por diante.

Comportamento do consumidor

Na essência, esta abordagem reflete uma visão orientada de marketing do sistema turístico, no qual o fator determinante é o comportamento do consumidor. Ver Figura 1.6.

Transporte

O modelo de *Westlake* (1985) enfatiza o papel central do transporte na ligação da demanda de turismo e sua oferta (Fig. 1.7).

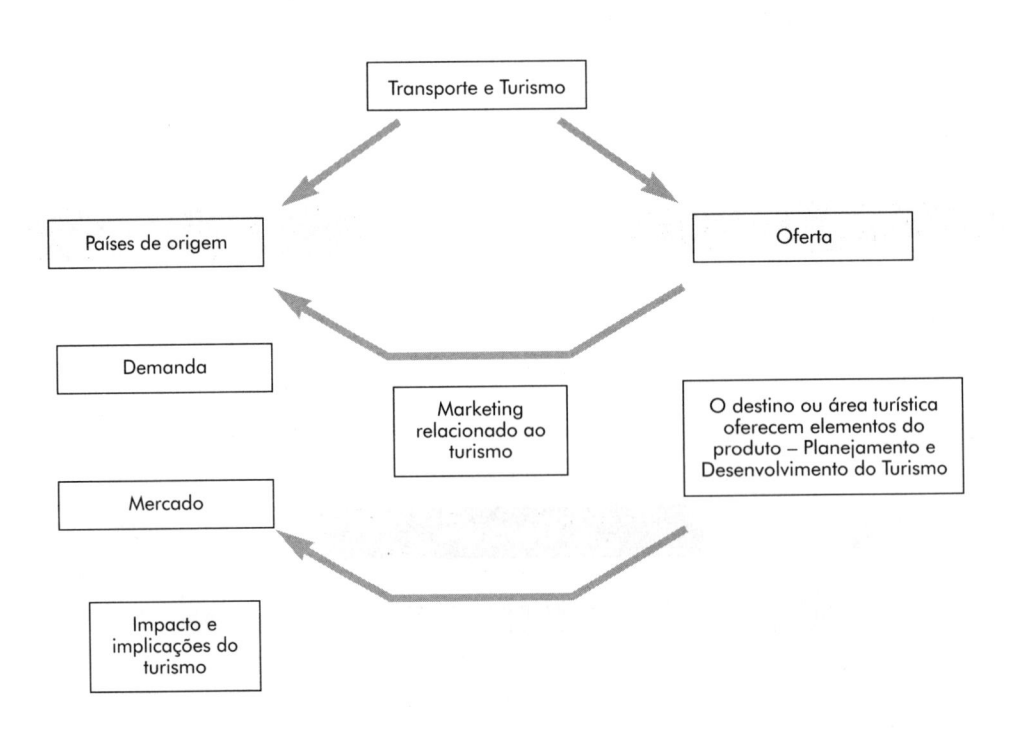

Figura 1.7 – (Fonte: Westlake).

Westlake também enfoca a importância do processo de comunicação entre o mercado e o destino. Além do mais, a importância de planejar e desenvolver estratégias no destino ou local turístico minimizam o impacto do turismo e maximizam a importância da atividade turística. *Westlake* também conecta a efetividade do planejamento e desenvolvimento de regras para maximizar usuários, ou seja, as implicações relativas ao mercado e os destinos que efetivamente planejam para o turismo, terão maior probabilidade de sustentar a demanda e reter sua participação no mercado.

Comunicação/planejamento

Finalmente, a Figura 1.8 descreve o modelo de *Mathieson e Wall* (1982), mais complexo que os outros, mas ainda é uma visão simplista da estrutura da indústria.

Mathieson e Wall (Fig. 1.8) identifica dinâmica, estatística e elementos seqüenciais do sistema turístico. O elemento dinâmico é a demanda por todos os tipos de turismo. Os elementos estáticos são as características do destino (incluindo influências políticas, ambientais e econômicas) e o turista (incluindo características socioeconômicas, tipo de atividade e tempo de permanência), que se combinam para constituírem o destino, a pressão lá sofrida (em termos de tempo de estadia, tipos e níveis de atividade) e capacidade de carga. Os impactos do turismo são vistos como conseqüência do sistema turístico e isso se refere aos impactos físicos, sociais e econômicos que precisam ser controlados por políticas abrangentes de planejamento e gerenciamento.

Elementos estáticos dinâmicos e conseqüentes

Você pode notar por esses modelos que a maioria dos aspectos associados à hospitalidade estão incorporados ao lado da oferta na equação geral do turismo. Obviamente, os elementos da indústria da hospitalidade, tais como contratos de buffet, não são diretamente relacionados ao turismo e outros aspectos da indústria da hospitalidade atendem às necessidades de ambos: turistas e população residente.

Aspectos da oferta de hospitalidade

Todos os modelos oferecem uma perspectiva um pouco diferente sobre o que o sistema turístico envolve e como os elementos são interrelacionados e interdependentes. Entretanto, nenhum modelo pode ser classificado como definitivo ou absoluto e é essencial considerá-lo em conjunto. Depende de você desenvolver sua própria visão e conclusões sobre o sistema e uni-lo a seus elementos.

Nenhum modelo é definitivo

Então, examinamos o turismo em alguns detalhes como uma atividade e suas definições e observamos modelos que procuram identificar os elementos do sistema turístico explicando o relacionamento entre eles.

1. Definindo Turismo e Hospitalidade

Elemento dinâmico

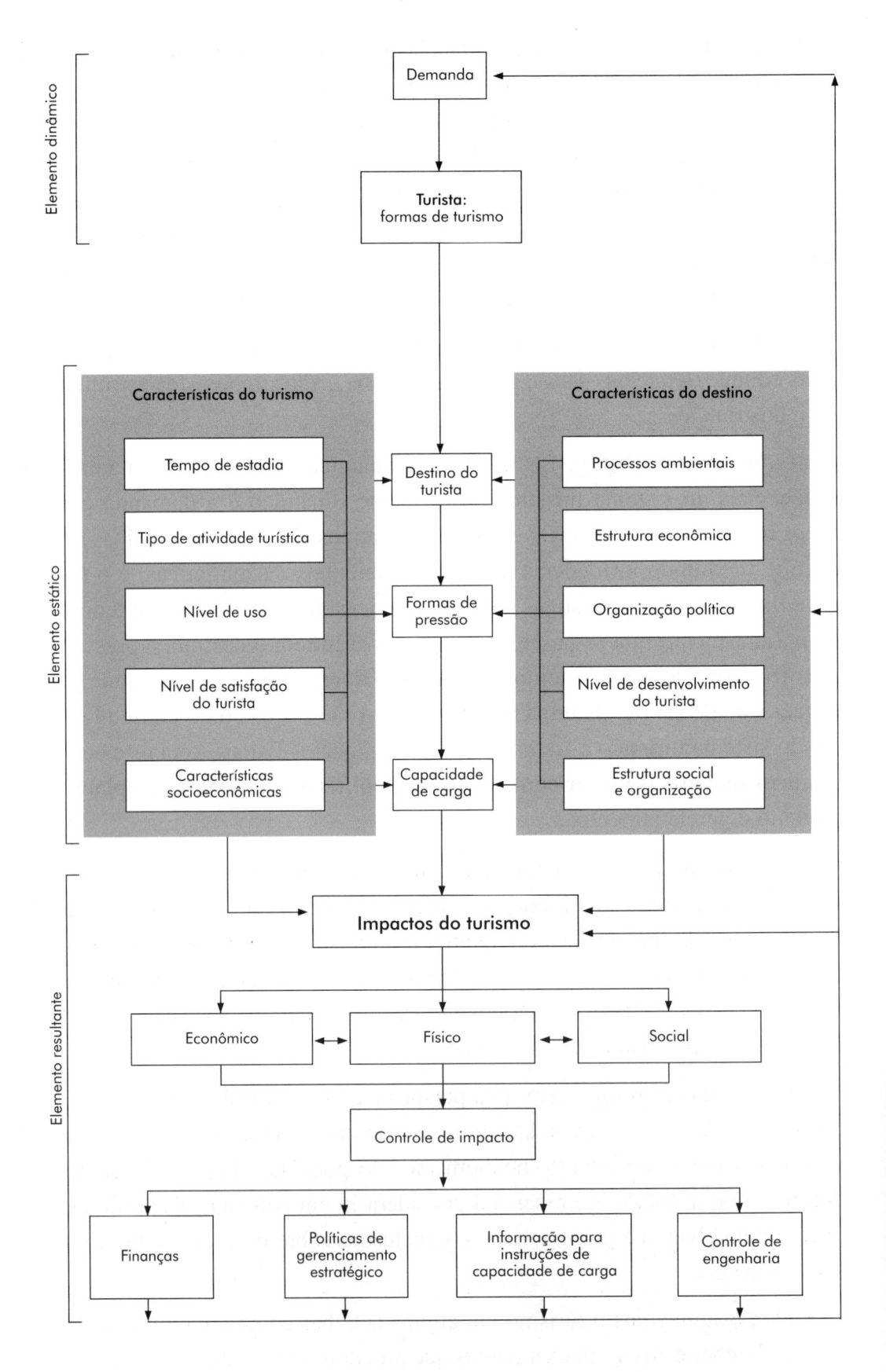

- Demanda
- Turista: formas de turismo

Elemento estático

Características do turismo:
- Tempo de estadia
- Tipo de atividade turística
- Nível de uso
- Nível de satisfação do turista
- Características socioeconômicas

Características do destino:
- Processos ambientais
- Estrutura econômica
- Organização política
- Nível de desenvolvimento do turista
- Estrutura social e organização

- Destino do turista
- Formas de pressão
- Capacidade de carga

Elemento resultante

- Impactos do turismo
  - Econômico
  - Físico
  - Social
- Controle de impacto
  - Finanças
  - Políticas de gerenciamento estratégico
  - Informação para instruções de capacidade de carga
  - Controle de engenharia

Figura 1.8 – (Fonte: Mathieson e Wall, 1982).

1.4 Definição de Hospitalidade

Similares às relativas ao turismo, as definições de hospitalidade foram abordadas a partir de um número de perspectivas diferentes. A definição de *Nailon* (1981) combina elementos psicológicos e fisiológicos com segurança e níveis de serviço:

- Hospitalidade está ligada à provisão de conforto psicológico e fisiológico dentro dos níveis definidos de serviço.

Conforto psicológico e fisiológico

Burgess (1982), em uma definição mais prolixa, enfatiza a importância do desenvolvimento de relações pessoais e o papel desta promoção de percepção dos hóspedes para conforto e segurança:

O elemento de interação primária fomentada por calor, amizade, acolhida, cortesia, abertura e comportamento generoso do anfitrião cria um ambiente hospitaleiro. Isso promove um sentimento positivo de segurança e conforto oferecido pela estrutura física, desenho, decoração e fácil localização. Finalmente, a oferta de acomodações agradáveis para dormir, comer, relaxar e tomar um bom banho, unida ao oferecimento de bebidas, serviço e entretenimento, completam o quadro.

Relacionamento social

Buttle (1986) demonstra a orientação do marketing pela introdução de idéias de satisfação e insatisfação do consumidor:

- O conjunto de satisfações e insatisfações pelo qual o cliente recebe a experiência da hospitalidade. As satisfações devem ser fisiológicas (sede, sono, calor), econômicas (valor do dinheiro, crédito), sociais (companhia, serviço), psicológicas (auto-estima, *status*, segurança).

Satisfação e insatisfação

Berger (1984), em *Lockwood e Jones*, é breve e direto ao afirmar que hospitalidade é essencialmente oferecer segurança e ir ao encontro das necessidades físicas e psicológicas dos hóspedes:

"Hospitalidade é oferecer segurança às pessoas, considerando conforto físico e psicológico em troca de pagamento".

- Se você considerar as definições citadas anteriormente e outras, tais como as de *Cassee e Reuland* (1983) e o *Oxford English Dictionary* – provavelmente concluirá que, conquanto a abordagem para definir hospitalidade possa variar de acordo com os autores, há um número de elementos integrais que são característicos:

Tangível x intangível
- Hospitalidade é a combinação complexa de benefícios e aspectos tangíveis e intangíveis;

Interação
- hospitalidade envolve a interação satisfatória entre serviço e prestador, consumidor e hóspede;

Segurança
- a hospitalidade oferece ao hóspede: segurança, conforto psicológico e fisiológico, com alimentação, bebida e acomodação; e

- a hospitalidade pode ser lucrativa ou não.

Você pode ser capaz de identificar outros elementos, que são comuns pelas definições ou ter sua própria idéia sobre o que a prática da hospitalidade venha a ser.

1.5 Para Pensar

Quebrando preconceitos
Você pode chegar à conclusão de que ainda há preconceitos da "velha escola" que dificultam o desenvolvimento do turismo e da hospitalidade em disciplinas estabelecidas e isso deve ser superado para que a matéria evolua e desenvolva todo seu potencial. Você também pode acreditar que muito do que está ensinando como educador em turismo e hospitalidade é dirigido a romper velhos preconceitos expondo e superando antigos mitos que existem e tentando estabelecer o turismo como uma importante área do estudo acadêmico.

Unidade de Estudo 2

Evolução dos Estudos de Turismo e Hospitalidade

2.1 Influências Históricas na Educação em Turismo

2.2 Turismo – Origem

2.3 Influências Históricas na Educação em Hospitalidade

2.4 Atividade do Aprendiz

2.5 Provisão da Educação em Turismo

2.6 Provisão da Educação em Hospitalidade

2.7 Recursos para Educação em Turismo
2.7.1 Jornais
2.7.2 Estatísticas Internacionais
2.7.3 Livros Didáticos
2.7.4 Literatura e Fontes Relacionadas à Educação em Turismo e Hospitalidade
2.7.5 Desenvolvimento de uma Comunidade Acadêmica
2.7.6 Associações Profissionais
2.7.7 Redes Educacionais

2.8 Para Pensar

2 Evolução dos Estudos de Turismo e Hospitalidade

2.1 Influências Históricas na Educação em Turismo

Olhando as instituições com as quais está familiarizado, você pode, provavelmente, perceber o quanto a educação em turismo se desenvolveu de maneira geral e não planejada em muitos países. *Goeldner* (1988) argumenta que o turismo ainda está emergindo como uma disciplina, enquanto a educação em turismo tem tido um crescimento significativo nos últimos 50 anos, porém, como a indústria, muito fragmentado.

Fragmentação

Airey (1988) argumenta que é difícil estabelecer exatamente quando a educação em turismo realmente começou na Grã-Bretanha e sugere que grupos com diferentes interesses podem definir a concepção de educação em turismo de muitas maneiras:

• Alguns podem traçar sua origem voltando ao início dos anos 1900, quando os cursos de treinamento para "chefs" e garçons foram desenvolvidos e introduzidos;

Origens

- outros podem sugerir que a educação em turismo tenha nascido na década de 50, quando se desenvolveu o treinamento para agentes de viagem e funcionários de agências de turismo;

- há aqueles que argumentam que o estudo de turismo se originou na metade dos anos 60, quando começou a emergir como um ramo autônomo em relação aos cursos de hotelaria; ou,

- alternativamente, geógrafos e economistas podem alegar, talvez com embasamento, que suas matérias sempre foram incluídas no estudo de turismo e foi por essas matérias que o turismo começou a emergir como uma área de valor acadêmico.

Turismo recém-chegado à educação

Até mesmo *Airey* parece acreditar que o turismo é um parente recém-chegado ao repertório da educação. Ele também argumenta que a provisão educacional na Grã-Bretanha está mais bem-desenvolvida e diversificada do que em outros países, mas não comenta se considera isto bom ou ruim.

Qualquer que seja sua visão a respeito do desenvolvimento da educação em turismo e onde quer que você ache que estejam suas raízes, é improvável que argumente que os cursos de turismo, por si só, são relativamente recém-chegados ao mundo acadêmico.

Falta de padronização

Em países desenvolvidos, os cursos de turismo não estavam realmente estabilizados desde os anos 70 e 80. Como não havia estrutura acadêmica ou institucional aceitável para tais cursos, eles se desenvolveram de maneira geral e não planejada. Por exemplo, alguns cursos emergiram em departamentos de geografia, outros em recreação e esportes e os demais tiveram suas raízes em estudos de negócios ou hotelaria. Isso resultou em uma área de provisão difundida e variada, que possui falta de consistência em termos de qualidade e coordenação. Em alguns países, essa situação leva o setor público a intervir para padronizar as provisões e controlar a entrada. Este caso ocorreu particularmente no final dos anos 70 e em toda a década de 80. Mais recentemente, como as matérias das áreas amadureceram, a auto-regulamentação de instituições e órgãos profissionais tornou-se mais comum.

Em vista disso, é possível discernir três maneiras distintas nas quais o estudo de turismo se desenvolveu como um esforço acadêmico:

Vocacional/ setorial

- Cursos vocacionais baseados em setores voltados ao comércio turístico têm sido desenvolvidos e tido forte influência no direcionamento da educação e treinamento em turismo. Os cursos freqüentemente oferecem rigorosas habilidades de treinamento, são cursos bem estabelecidos e atendem satisfatoriamente às expectativas;

- os cursos de turismo se desenvolveram como um meio de enriquecer os estudos de administração, dando-lhes orientação vocacional. Nesse contexto, o turismo vem sendo tratado como uma interessante aplicação na indústria; e *Aplicação industrial*

- o turismo desenvolveu-se dentro das disciplinas mais tradicionais tais como geografia, sociologia e lingüística, que freqüentemente forneciam especializações opcionais em turismo. De fato, tem-se argumentado que geógrafos vêm-se utilizando do turismo em cursos e pesquisas desde 1920. *Dentro de outras disciplinas*

A herança dessas influências históricas no desenvolvimento dos cursos de turismo como os conhecemos hoje pode ser ilustrada pela identificação de três passagens principais do turismo: *Abordagens*

- Os tipos mais comuns de cursos relacionados ao turismo ainda são os puramente vocacionais, nos quais o aluno é treinado diretamente para um posto dentro da indústria do turismo. Discutivelmente, este é, na verdade, o treinamento de turismo e não a educação em turismo, mas essa é uma distinção que será estendida e discutida, posteriormente, neste capítulo. *Treinamento*

- Em segundo lugar, os cursos têm sido desenvolvidos através da visão do turismo como uma atividade notável de estudo em sua própria razão e estes cursos são, em geral, as adições mais recentes para o portfolio de turismo; seus números parecem crescer rapidamente.

- Finalmente, há aqueles cursos que usam o turismo como uma ilustração para enriquecer disciplinas tradicionais e matérias de áreas. O turismo, neste contexto, é visto como meio para um fim e os alunos não necessariamente (e, em geral, não normalmente) esperam ser empregados na indústria de turismo. *Meios para um fim*

Então, o desenvolvimento da educação em turismo, nas últimas décadas, tem passado por uma transição de foco e importância. Houve tempo em que o turismo era apenas um suplemento para disciplinas mais reconhecidas, aumentando o foco dos cursos recentemente concebidos e as áreas primárias de estudo. *Mudança de foco*

Como o perfil do turismo aumentou, cursos que visam a um diploma e os de especialização já entraram no circuito – por exemplo, transporte, marketing de lazer – e embora essas áreas ainda não tenham credibilidade e reconhecimento como as áreas mais desenvolvidas, a infra-estrutura educacional e intelectual para o turismo está sendo estabelecida rapidamente. *Estabelecimento da infra-estrutura da educação*

2.2 Turismo – Origem

Descendência

Você provavelmente já concluiu que o turismo, como área de estudo independente, é descendente de algumas disciplinas aparentadas. Se você prefere o modelo de *Jafari* e *Ritchie* (Fig. 2.1), pode notar 16 áreas e disciplinas diferentes identificadas, das quais o estudo de turismo derivou suas características.

O artigo deveria ser publicado em sua totalidade e considerado em detalhes mas, como não foi possível, destacamos os pontos mais importantes:

- A importância de definir o turismo para designar uma educação apropriada que atenda por completo aos pontos e problemas que enfrentam sua indústria;

Multidisciplinaridade

- a natureza multidisciplinar do turismo significa que a matéria provém de muitas disciplinas. Você deveria pensar a respeito das conseqüências positivas e negativas do fato; e

- as implicações da natureza mutidisciplinar no plano curricular e outras atividades acadêmicas.

2.3 Influências Históricas na Educação em Hospitalidade

A maioria dos cursos de gerenciamento em hospitalidade no mundo apareceu apenas depois da II Guerra Mundial e correspondeu ao crescimento do turismo internacional. Isso contrasta com a situação na Europa, onde o gerenciamento em hospitalidade possui uma longa tradição – a L'École Hotelerie de Lausanne data de 1883, por exemplo.

Nos anos pós-guerra, o desenvolvimento dos cursos de gerenciamento de hospitalidade mostrou um crescimento dramático. De forma interessante, esses cursos não têm o mesmo propósito e a falta de planejamento, como aconteceu com os cursos de turismo. Em parte isso se deve às raízes profissionais estabelecidas da matéria de área, que tendeu a determinar que as instituições tivessem nível de gerenciamento.

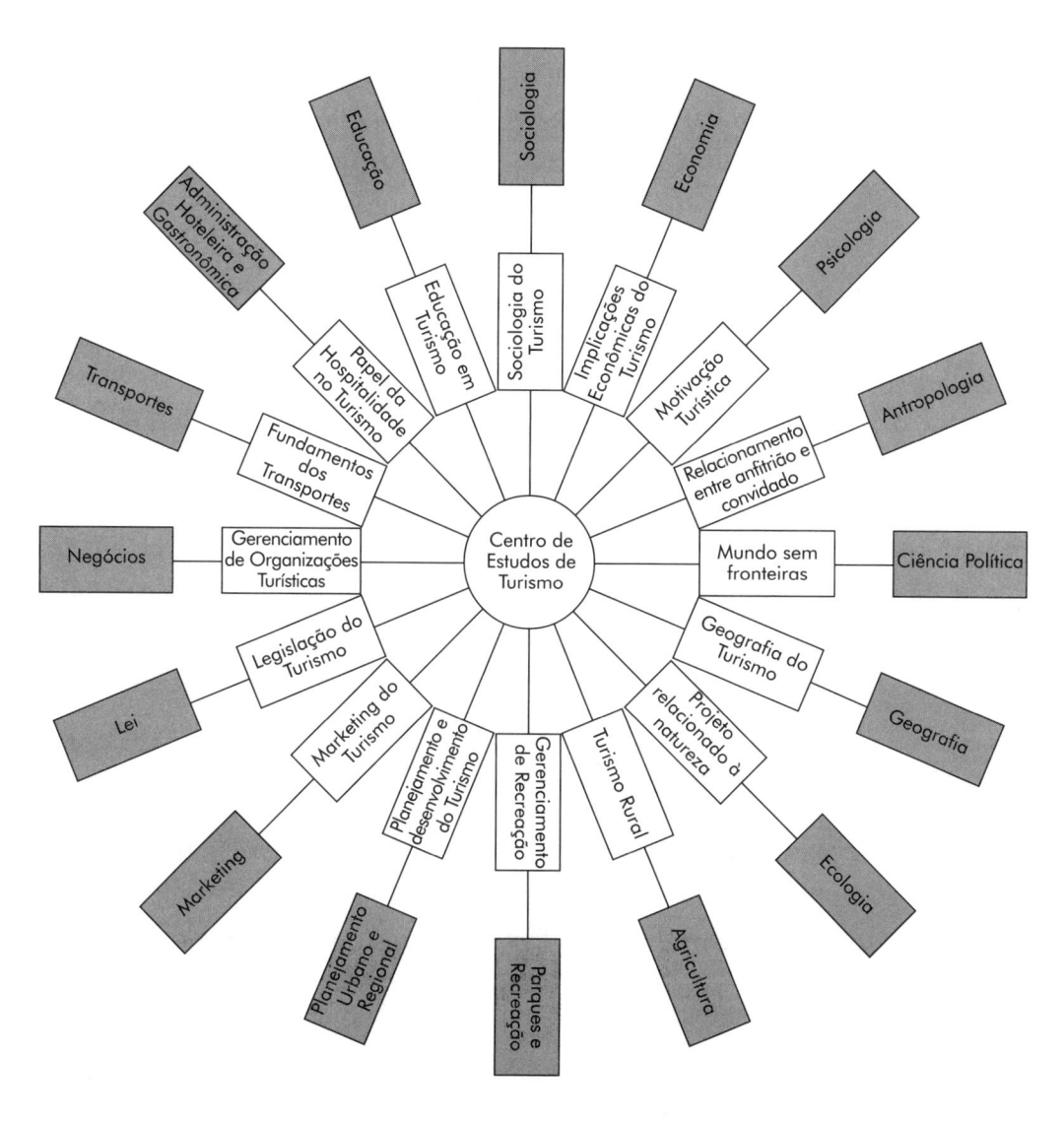

Figura 2.1 – Centro de Estudos de Turismo (Fonte: Jafar Jafari, Universidade de Wisconsin – Stout, McIntosh e Goeldner; 1990).

Na Grã-Bretanha, por exemplo, em meados dos anos 50, mais de 100 instituições técnicas ofereciam treinamento em hospitalidade, em nível profissional enquanto no final da década de 50 e início dos anos 60, foram realizados movimentos pela padronização da provisão de hospitalidade e exigidas qualificações, pelos órgãos profissionais, no sentido de dividir a provisão em pós-compulsória e intermediária. Em termos de gerenciamento da educação em hospitalidade, as Universidades de Surrey e Strathclyde iniciaram programas graduados e politécnicos no final da década de 60 e, a Higher National Diplomas, em 1970. O modelo de desenvolvimento da educação em hospitalidade na Grã-Bretanha tem-se refletido em outros países, embora em diferentes épocas. O desenvolvimento ilustra duas correntes distintas para a educação em hospitalidade.

Níveis de educação superior

Politécnicos

Duas correntes

A primeira corrente, evidentemente, administrou seu curso inicial com baixos níveis pedagógicos, como por exemplo: mais treinamento que educação, onde os educadores eram, geralmente, contratados devido à experiência prática na indústria. Os programas eram direcionados à vocação e planejados para proporcionar aos alunos habilidades específicas, freqüentemente práticas. Em geral, o número de programas disponíveis e de alunos matriculados para tais tipos de cursos tem sido historicamente maior que para cursos de orientação educacional.

Isto levou à formação da segunda corrente de estudos da hospitalidade. O curso administrado é voltado à elevação nos níveis de educação e concentra-se em proporcionar ao aluno subsídios que desenvolvam capacidades analítica e de avaliação. Normalmente, os cursos irão se estender por quatro anos e, quase sem exceção, um ano (ou período maior) será utilizado para trabalhar na indústria. A provisão desses cursos expandiu, em demasia, nas décadas de 60 e 70, mas hoje o suprimento foi estabilizado até certo ponto, embora em algumas áreas do mundo esse não seja o caso.

Você pode notar que o desenvolvimento dos cursos relacionados à hospitalidade tem evoluído de maneira planejada e relativamente estabilizada, diferentemente das qualificações equivalentes do turismo.

Há desenvolvimentos mais distantes na educação em hospitalidade que serão discutidos na Unidade de Estudo 9 (que se refere à distribuição de cursos) e 10 (que discute assuntos referentes à matéria e seus problemas).

2.4 Atividade do Aprendiz

Foco no material de ensino

Revise criteriosamente as disciplinas e áreas de onde você tira seu material de ensino. Você pode levar algum tempo para pensar em uma abordagem e as áreas que quer focar, mas essa atividade proporcionará uma boa oportunidade para rever suas práticas e conteúdo de ensino.

Uma vez que faça uma lista planejada de disciplinas e matérias de áreas, você pode então preferir voltar ao modelo *Jafari e Ritchie* (Fig. 2.1), a fim de estabelecer se há outras áreas que também podem ser de relevância e importância para seus ensinamentos.

2.5 Provisão da Educação em Turismo

Já consideramos a evolução histórica da educação em turismo, o papel tradicional do turismo dentro de muitas instituições educacionais e a maneira como estes desenvolvimentos influenciaram a posição e o *status* da educação em turismo, atualmente.

Ficou claro, na Seção de Estudo Geral, que a provisão da educação em turismo sofreu um crescimento internacional em cursos de todos os níveis.

Na base global, a provisão expandiu rapidamente nos anos 80 e, no final nos anos 90, a educação em turismo e hospitalidade será notória na maioria dos países do mundo onde o turismo é visto como uma indústria importante. A seção a seguir resume a posição na Grã-Bretanha: uma situação que é inferior em muitas partes do mundo.

Expansão nos anos 80 e 90

A Figura 2.2 apresenta a informação disponível do número atual e prognosticado dos cursos de educação em turismo (por exemplo, diplomas de bacharel) oferecidos na Grã-Bretanha no início dos anos 90. Inclui também detalhes de cursos que entraram no currículo durante 1992/1993.

Aumento dos cursos em nível superior

De 1986 a 1991, o número de alunos matriculados em cursos de turismo em nível de graduação cresceu seis vezes. Em 1992/93, o número de cursos oferecidos em nível de bacharelado cresceu dez vezes mais do que em aproximadamente seis anos. Em nível de pós-graduação, há oferta atual de 18 cursos.

Aumento do número de matrículas

Ano	Cursos adicionais disponíveis	Número de cursos acumulados	Número aproximado de alunos matriculados no ano
1986	2	2	110 (estimados)
1989	+6	8	344
1991	+5	13	769
1992/93	+10	23	1.400

Figura 2.2 – (Fonte: CNAA Revisão dos Níveis dos Cursos de Turismo, Fevereiro de 1993).

Não se pode imaginar, no entanto, que formandos de 37 cursos que ofereciam diploma, ao saírem de suas instituições em 1996/97, o que representa um excesso de 1.500 novos profissionais no mercado, só na Grã-Bretanha, com educação mais elevada e qualificações de nível com certificado em turismo, fossem absorvidos pela indústria.

Olhando mais adiante na educação, o crescimento, se houve algum, tem sido mais prolífico. Há, atualmente, cerca de 500 instituições oferecendo qualificações relacionadas ao turismo. No total, tem sido estimado que cerca de 25.000 alunos maiores de 16 anos estão saindo agora dos cursos de turismo e que esse número está crescendo ano a ano (*Cooper, Shepherd e Westlake*, 1992).

Nível macro/ nível micro

As conseqüências do crescimento na provisão podem ser vistas em ambos os níveis, macro e micro. Em nível macro, há obviamente implicações para o mercado de trabalho, que não é grande o bastante para absorver números significativos de prováveis participantes; em nível micro, há importantes ramificações para um número de alunos individuais entrar na indústria e seguir carreira.

2.6 Provisão da Educação em Hospitalidade

Assuntos relacionados à educação em hospitalidade são similares na maioria dos países no mundo. Contudo, raramente são articulados ou reportados com clareza. Uma exceção aqui é o artigo EIESP que fornece um sumário útil desses assuntos, mas do ponto de vista industrial. Uma das melhores colaborações e discussões é a que fornece a revisão de graus de hospitalidade pelo Conselho Britânico para Prêmios Acadêmicos (British Council for Academic Awards) 1992. A mensagem geral da revisão é internacionalmente relevante. Parece que ainda permanece um baixo número de educadores graduados, especificamente, em habilidades de hospitalidade. Contudo, muitos dos formandos dos cursos de hospitalidade estão sendo atraídos para fora do setor, encaminhando-se para outras indústrias. É possível especular por que isso acontece: a remuneração pode ser melhor, o treinamento mais profissional e, as oportunidades de promoção, mais facilmente disponíveis.

Redirecionamento de talento

Qualquer que seja sua opinião a respeito, por exemplo, caso você ache que a educação ou a indústria sejam responsáveis por esse redirecionamento de talento, você concordará, sem dúvida, que as causas dizem respeito a muitos educadores em hospitalidade e você pode ter as suas próprias idéias de como a situação pode ser corrigida.

2.7 Recursos para Educação em Turismo

Apesar de o modelo e a posição da educação em turismo ainda estarem para ser categoricamente estabelecidos, a matéria de área está sendo cada vez mais reconhecida como um sério empenho acadêmico, de forma importante e verossímil. Isso é refletido pelo número crescente de jornais acadêmicos, livros de textos e sociedades profissionais que estão se estabelecendo em nome do turismo. Desejamos agora apresentar e discutir alguns dos recursos-chave disponíveis aos educadores em turismo e hospitalidade.

Recursos

2.7.1 Jornais

O número de jornais elaborados para publicar pesquisas e discutir assuntos relacionados ao turismo está crescendo. Há um número crescente de publicações que visa delimitar e reforçar a educação em turismo. Há, atualmente, cerca de 80 jornais de turismo e 60 de hospitalidade; comparados a jornais relacionados a disciplinas mais bem-estabelecidas, isso é pouco.

Jornais/imprensa

Na seção de bibliografia/referências, listamos uma amostra dos periódicos e jornais com as quais você, provavelmente, está familiarizado. É importante que, como educador, você se mantenha atualizado com recursos e pesquisas. Da mesma forma que os jornais acadêmicos lhe fornecem subsídios sobre determinados assuntos, você também precisa estar a par das tendências industriais, personalidades e opiniões através de publicações segmentadas. Embora este seja um exercício de valor, a "vida na estante" do material é muito menor do que aquele encontrado em jornais acadêmicos.

2.7.2 Estatísticas Internacionais

Você precisará familiarizar-se com os principais (geralmente governamentais) recursos de estatísticas turísticas em seu próprio país. Os melhores recursos internacionais são as estatísticas da Organização Mundial de Turismo (WTO). No passado, eram difíceis de usar devido à definição dada aos problemas de país para país. Agora, um novo resumo de estatísticas do turismo mundial é distribuído anualmente em formato muito mais acessível. As estatísticas publicadas pela OECD são mais bem-representadas e facilmente compreendidas, mas relatam apenas 24 membros da OECD. Contudo, como estes representam as principais economias mundiais, os destinatários-chave e os geradores do turismo internacional estão incluídos.

Estatísticas da WTO/OECD

Os relatórios da WTO também incluem estatísticas de acomodação. É notoriamente difícil obter estatísticas exatas no setor e a maioria dos comentários depende das informações de consultores (como a Consultoria BDO) da indústria hoteleira. Contudo, isso deve ser tratado com cuidado, pois como os relatórios trazem apenas uma amostra, ela é freqüentemente parcial, favorecendo hotéis maiores ou de níveis mais altos (cinco, quatro e três estrelas).

Outros recursos internacionais que você poderia gostar de considerar incluem relatórios internacionais de turismo, embaixadas, consulados e agências de turismo local.

2.7.3 Livros Didáticos

Livros didáticos/ críticas/anuários

Como o turismo tem crescido em popularidade como matéria, têm aparecido excesso de novos textos. Na seção de bibliografia/referências listamos alguns dos melhores textos que poderá usar como base para seu ensinamento. Tal gama de textos introdutórios – tais como os de *Cooper et al* ou *Holloway*, apresentam aspectos altamente especializados em turismo como marketing, planejamento ou hábitos regionais. Em adição, há um pequeno número de revistas e anuários que proporcionam uma visão geral das melhores e mais úteis estatísticas.

2.7.4 Literatura e Fontes Relacionadas à Educação em Turismo e Hospitalidade

Surpreendentemente, a área da educação em turismo e hospitalidade não tem atraído um volume significativo de literatura. O material existente é encontrado em jornais, relatórios e procedimentos de conferências e tem qualidade variada. Foi providenciada uma amostra no apêndice.

Literatura de conferência

Apesar da escassez de literatura, há um número crescente de conferências especificamente direcionadas aos educadores de turismo. Há muitas outras que você pode consultar:

- CHRIE – conferência anual.
- TTRA – conferência anual.
- WTO – conferências regionais.
- Conferência da Sociedade de Educadores de Viagem e Turismo.
- Conferências ocasionais organizadas pelas Universidades de Surrey e Calgary.
- Conferência Australiana de Pesquisa de Turismo.

2.7.5 Desenvolvimento de uma Comunidade Acadêmica

O turismo também tem sua própria comunidade acadêmica, embora pequena. Há personalidades estabelecidas na educação em turismo bem-conhecidas e respeitadas e que têm a responsabilidade de ajudar no amadurecimento da disciplina de educação em turismo e estruturar seu desenvolvimento.

O crescimento do número de acadêmicos envolvidos na educação em turismo tem, inevitavelmente, levado ao aumento dos corpos docentes representando educadores ou praticantes ou, às vezes, ambos. Esses corpos têm sido formados em níveis nacional e internacional e oferecem um fórum ideal para a troca de idéias, debate e consideração de problemas. Contudo, você deve estar ciente de que, apesar do crescimento, ainda não há um fórum internacional com poder para tomar decisões políticas e guiar a educação ou praticá-la de uma única forma. Essa é uma razão pela qual as iniciativas da WTO, aqui, são muito importantes.

Iniciativa da WTO/ fórum de educadores

2.7.6 Associações Profissionais

O número de associações profissionais representando educadores em turismo e praticantes também está crescendo. Algumas associações bem-estabelecidas valem ser mencionadas:

- **Instituto de Viagem e Turismo (ITT)** – grupo baseado principalmente no comércio de viagens/turistas na Grã-Bretanha – longa estabilidade.

- **Sociedade de Turismo** – órgão profissional da Grã-Bretanha com grandes divisões na indústria, membros educacionais e governamentais. Possui um subgrupo ativo – Associação de Instrutores e Professores de Turismo (ATTT).

- **Associação de Gerenciamento Institucional de Hotel e Buffet (HCIMA)** – órgão profissional da Grã-Bretanha representando a indústria da hospitalidade, com respeitada liderança educativa e de treinamento.

- **Conselho para Hotéis-Restaurante e Educação Institucional (CHRIE)** – órgão profissional norte-americano voltado à educação em hospitalidade e turismo, agora com uma divisão européia.

- **Associação de Pesquisa de Viagem e Turismo (TTRA)** – órgão profissional norte-americano representando viagem e turismo.

- **Sociedade dos Educadores de Viagem e Turismo (STTE)** – grupo derivado do TTRA.

Associações profissionais

- **Academia Internacional para Estudos de Turismo (LAST)** – pequeno grupo de acadêmicos convidados para uma conferência anual prestigiosa.

2.7.7 Redes Educacionais

Vínculo entre educadores e instituição

A crescente preocupação com a qualidade da educação em turismo é refletida no número também crescente de sistemas. Estes unem educadores e instituições em uma causa comum: qualidade na educação em turismo. Os sistemas são desenvolvidos nacional e internacionalmente, mas ainda estão nos seus primeiros passos. Os exemplares incluem o sistema WTO de centros educacionais de turismo e, em nível regional, a Rede de Educação Européia de Turismo (ETEN).

2.8 Para Pensar

Educação em turismo e hospitalidade no início da evolução

Durante toda esta seção, você leu nossos comentários e pode tê-los empregado em suas próprias situações em sala de aula ou pesquisa. A mensagem clara da seção é simplesmente que a educação em turismo e hospitalidade está em um estágio muito inicial de evolução, que proporciona oportunidades, mas também problemas.

Mantendo qualidade na educação em turismo e hospitalidade

Nesse caso, as oportunidades serão claras para você em seu próprio local de trabalho, possibilitando o desenvolvimento de novos e excitantes materiais de ensino ou a exploração de alguns dos mais novos recursos para o ensino e a pesquisa. Os problemas são enfrentados por todos nós – manter a qualidade na educação em turismo e hospitalidade em todos os sentidos, desde o tempo na sala de aula até os contatos com a indústria ou pesquisa.

O desenvolvimento do turismo gradual e geral é refletido nas grandes diferenças e na maneira com que várias instituições educacionais posicionam o estudo do turismo em seu currículo. A natureza multidisciplinar e interdisciplinar da matéria e sua relativa juventude oferecem poucas oportunidades para o desenvolvimento de uma aproximação integrada e coerente com os estudos de turismo.

Falta de estrutura geral

A falta de estrutura geral na educação em turismo tem sido notada por acadêmicos, cada vez mais preocupados com as enormes diferenças no enfoque dado à matéria, não só sob o ponto de vista internacional, mas até mesmo local, pouco se fazendo para encorajar o desenvolvimento sistemático dessa área de estudo.

O problema para a hospitalidade não é tão grave mas, de qualquer maneira, há necessidade da matéria ser mais bem-tratada e desenvolvida por meio de pesquisa, para reforçar a estrutura do educador em hospitalidade.

Unidade de Estudo 3

Problemas Enfrentados na Educação em Turismo e Hospitalidade

3.1 Problemas Enfrentados por Educadores em Turismo e Hospitalidade

3.2 Problemas para a Hospitalidade

3.3 Para Pensar

3 Problemas Enfrentados na Educação em Turismo e Hospitalidade

3.1 Problemas Enfrentados por Educadores em Turismo e Hospitalidade

Como você já deve ter apreendido na Unidade de Estudo 1, onde discutimos a classificação do turismo (como disciplina ou matéria de área) e onde também identificamos as influências históricas que têm afetado o desenvolvimento do turismo como uma área de estudo, o turismo está se estabelecendo, crescentemente, de maneira acadêmica. Há um dilatado campo de estudo no qual ele está exercendo influência e se firmando. Há também um perceptível movimento em relação à educação continuada e mais elevada para estabelecer o turismo como uma área de estudo reconhecida e um compromisso, em todos os níveis educacionais, a fim de promover progressos no desenvolvimento do setor, de modo organizado e estruturado.

Estabelecendo o turismo como campo de estudo reconhecido

Contudo, ainda há muitos problemas associados ao desenvolvimento do turismo, que precisam ser considerados e superados caso o setor queira realmente merecer o reconhecimento devido.

3. Problemas Enfrentados na Educação em Turismo e Hospitalidade

Problemas no desenvolvimento da educação em turismo

Já apresentamos muitos dos problemas, mas é essencial explicitar os mais importantes já que, potencialmente, eles podem fazer ou destruir a educação em turismo.

- O turismo é freqüentemente visto como apenas um caso de contribuição de material de estudo para acrescentar interesse e enriquecer outras disciplinas, tais como economia ou geografia. Conseqüentemente, se você é um educador em turismo, isso pode ter importantes implicações para sua credibilidade e influência política dentro de sua instituição.

- A educação em turismo é multidisciplinar em sua abordagem e conteúdo e possui, portanto, elementos interessantes para outras disciplinas. Por exemplo, as dimensões humanas do turismo são particularmente interessantes para geógrafos, historiadores e cientistas de comportamento, enquanto a atividade comercial é associada a economistas interessados em turismo, financistas e aqueles envolvidos com estudos de negócios.

Turismo subserviente para estudos tradicionais

Você pode ser da opinião que o turismo tira alguns reais benefícios dessa natureza multidisciplinar. Contudo, você também pode ter consciência de que a desvantagem de usar o turismo para estimular matérias mais tradicionais é que faz com que ele se torne subserviente e, talvez, menos verossímil como uma atividade em sua própria razão.

Isso pode ser de difícil controle para o turismo institucional – novamente, você pode ter tido alguma experiência de primeira mão a respeito – que pode resultar em uma luta política interna. Também pode significar que se o turismo, ou os educadores em turismo, começam a representar uma ameaça para disciplinas mais estabelecidas, departamentos ou instituições podem tender a refugiar-se atrás da fachada de disciplinas tradicionais que são consideradas mais aceitáveis (geografia, estudos de negócios, economia) à custa do turismo.

Turismo – uma área imatura

- O turismo é uma matéria de área relativamente jovem e, mesmo por estimativas liberais, possui no máximo 50 anos. Não é bem estabelecida como uma área para estudos acadêmicos sérios: faltam a história e a evolução de alguns dos campos de estudo mais maduros, que possuam teoria já delimitada.

Falta de base teórica, foco e estrutura

- Sem uma base teórica que faça com que a matéria possa se desenvolver e crescer, atualmente existe uma abordagem fragmentada da educação em turismo. Isso acentua a falta de direção clara para manter o desenvolvimento da teoria e foco e de uma estrutura abrangente dentro da qual a matéria possa ser efetivamente ensinada.

- A educação em turismo pode-se deparar com outros problemas relacionados. Você pode, provavelmente, identificar numa visão geral (e preconceituosa), que o lazer, como área de estudo, seja algo "leve". O título lazer inevitavelmente conecta imagens de um vendedor de sorvete e a palavra turismo evoca imagens de nativos sujos de fumaça. Se você diz para as pessoas que leciona turismo, elas podem perguntar qual seria o melhor lugar para passar férias, ou como está o tempo na Flórida. Ignorância e falta de credibilidade para as matérias parecem estar difundidas e arraigadas. Em contraste, educadores envolvidos em preparar alunos para entrar em indústrias "reais", tais como as de fabricação, possivelmente não tiveram tais problemas. *"Leve" imagem da educação em turismo*

- Outro problema que enfrentam os educadores em turismo relaciona-se ao desenvolvimento do setor como uma atividade: turismo de massa internacional, como o conhecemos hoje, é um produto relativamente recente que só evoluiu a partir das décadas de 50/60. Conseqüentemente, vários problemas acadêmicos foram criados. Por exemplo, como devemos lidar com o conceito da decadência do turismo em massa que está ocorrendo em centros turísticos como *Benidorm,* quando essa decadência é um novo fenômeno e lá não existem precedentes acadêmicos? *Sem precedentes acadêmicos*

- Além disso, há problemas de disponibilidade de dados. Há nítida falta de dados históricos numéricos e informações requeridas para facilitar comparações interculturais e pesquisa válida. *Falta de dados*

Onde os dados históricos estão disponíveis, costumam não ser confiáveis e ser difíceis de comparar, nacional e internacionalmente, além de ter má qualidade. Basicamente, isso pode ser atribuído ao fato de o turismo, como área de estudo, não possuir as metodologias estabelecidas, que devem ser desenvolvidas e adotadas na busca do progresso da matéria. *Dados não confiáveis ou sua falta*

Falta de dados e informação também pode ser explicada pelas dificuldades que os pesquisadores têm passado (e continuam a passar) quando tentam estudar o "homem no lazer". É muito mais fácil recolher informações a respeito do trabalho das pessoas, por exemplo, "homem, o produtor", do que observar empiricamente a maneira pela qual os indivíduos usam seu tempo de lazer.

- A educação em turismo também é afetada em grande extensão pela natureza da sua indústria. Ela é diversa e fragmentada, segmentando vários setores e com ampla gama de operações. Assim, a definição é extremamente difícil e o desenvolvimento do estudo adequado, em todos os níveis, para ir ao encontro das necessidades de uma indústria indefinida, é uma tarefa difícil. *Turismo: uma indústria diversa e indefinida*

Ainda é possível ver que a educação em turismo encontra muitos problemas, potenciais e realizáveis. Ela está corrompida por fraquezas conceituais, que agem como uma barreira numa direção clara e política, resultando na falta de rigor e foco. O conhecimento total, como resultado, é apenas articulado vagamente e pode estar em perigo de entrar em colapso.

Necessidade de líderes para apoiar os estudos de turismo

- O desenvolvimento da educação em turismo enfrenta uma outra séria barreira para o seu desenvolvimento: a indústria é dominada por pequenos negócios conduzidos por empresários e autônomos que não possuem treinamento formal em turismo e que não reconhecem a necessidade de apoiar os cursos de turismo e aumentar o profissionalismo geral da indústria. Você pode considerar que a situação está mudando lentamente ou sentir que jamais mudará.

Qualquer que seja o seu ponto de vista, a natureza da expansão da indústria e a grande disparidade no tipo e tamanho das operações efetuadas mais uma vez apresentam uma barreira.

3.2 Problemas para a Hospitalidade

Muitos dos problemas enfrentados pelos educadores em hospitalidade são similares aos apresentados a seus equivalentes em turismo. Contudo, é válido reiterá-los no contexto de hospitalidade e apresentar alguns específicos da área, dos quais você deve estar consciente.

Visão da hospitalidade como carreira de baixa realização

- Hospitalidade, como área de estudo, tem ainda uma imagem de "problema". Apesar de muitos cursos, particularmente os de níveis elevados, atraírem alunos brilhantes e capazes, ainda persiste a visão de que pessoas de baixa realização é que seguem uma carreira voltada à educação orientada à hospitalidade. A visão de que a hospitalidade equiparava-se à culinária foi difícil superar e, da mesma maneira que os equivalentes em turismo, os educadores em hospitalidade ainda têm alguns preconceitos a serem superados e barreiras a serem rompidas para estabelecer completamente suas matérias de área, com valor de estudo acadêmico.

Currículo voltado a habilidades de base técnica versus gerenciamento de negócios

- O segundo problema relaciona-se ao fato de que muitos cursos de gerenciamento de hospitalidade têm base ampla. Como resultado, os educadores enfrentam um importante dilema: o balanço do conteúdo do curso deve se voltar para o desenvolvimento de habilidades de base técnica ou o currículo deve ser voltado ao gerenciamento de negócios?

O problema se agrava ainda mais pois muitas instituições e departamentos de turismo mantêm vínculos íntimos com a indústria. Como resultado, a contribuição da indústria no planejamento do currículo e no desenvolvimento do curso é comum e a ênfase da indústria na importância das habilidades de base técnica reflete freqüentemente no contexto e na avaliação do currículo.

Para cursos de hospitalidade em níveis graduados, esse problema é particularmente grave. A base de gerenciamento geral permite mais credibilidade, desde que a indústria seja ouvida, com sua devida importância, por instituições educacionais; pode ser adotada uma orientação técnica que, algumas vezes, apresenta uma imagem enganosa, interna e externamente. Também podem-se limitar as alternativas de opções de carreira disponíveis para graduados que deixam os cursos de hospitalidade, mas que não desejam entrar na indústria *per se*.

Limitação para opções de carreira

- O terceiro problema já foi considerado no contexto do turismo: o crescimento do número de cursos de hospitalidade. No passado, mesmo que o número de graduados houvesse crescido, a indústria era capaz de empregar a maioria deles. Contudo, o ponto de pressão no sistema se relaciona, de forma acentuada, aos problemas em proporcionar colocação industrial para um número cada vez mais crescente de alunos. As instituições estão encontrando cada vez mais dificuldade em oferecer aos alunos oportunidades adequadas para experiência de trabalho profissional e, enquanto a indústria tem argumentado que tal experiência é essencial nos programas de hospitalidade, está-se tornando aparente que ela é simplesmente incapaz de apresentar recursos para acomodar o número crescente de alunos que se formam.

A dificuldade da indústria em acomodar o crescente número de alunos

Tal problema será familiar aos educadores em turismo, que também estão começando a enfrentar dificuldade em colocar os alunos para experiência de trabalho industrial, como resultado da proliferação dos cursos em todos os níveis de educação.

- O problema final que poderia ser identificado refere-se à adaptação dos graduados pela indústria da hospitalidade. A ênfase dentro da indústria ainda é baseada na experiência: não exige qualificação. Para muitos graduados que deixam a universidade para se juntar a um cenário de treinamento executivo, a primeira exposição formal à indústria irá requerer que eles ganhem experiência na organização em nível bastante baixo e em cada um dos departamentos, mesmo que a maioria já o tenha feito, mediante ligação profissional com a companhia.

Falta de reconhecimento de qualificações da indústria

Questões a serem resolvidas

Enquanto a hospitalidade é uma área de estudo um pouco mais bem estabelecida que o turismo, ainda há um grande número de problemas enfrentados pelos educadores da área. Retornaremos a alguns, neste módulo, mas você deveria tentar tê-los em mente, conforme passar pelas próximas unidades.

3.3 Para Pensar

Turismo – difícil de aprender e ensinar

O turismo, como matéria de área, é interessante, excitante e dinâmico. Contudo, não é um estudo fácil: é difícil de ser ensinado e ser aprendido. Para manejar a educação em turismo com eficácia, a matéria precisa ser dividida e simplificada. Fazendo isso, há o perigo de que algo possa ser perdido na exposição, como interligações entre setores e áreas de estudo apresentados rapidamente e sem explicação sobre suas inter-relações. Conseqüentemente, o desenvolvimento da estrutura que a educação em turismo pode obter é uma tarefa difícil e que terá de ser, cedo ou tarde, consignada formalmente.

A necessidade de assegurar o desenvolvimento ordenadamente na educação em turismo

Olhando para os problemas associados à educação em turismo, pode-se notar que ele está-se aproximando de sua "crise da meia-idade". Não é mais matéria jovem, mas também não atingiu a maturidade. Atualmente, está atravessando outro rito de passagem e é responsabilidade dos educadores em turismo certificarem-se de que a matéria se desenvolve de maneira ordenada, estruturada e apropriada.

Seção de Estudo 2

Currículo e "Design" de Curso para Educadores em Turismo e Hospitalidade

Seção de Estudo 2

Estudo Sugerido

Objetivos da Seção

Ao final desta seção de estudo você deverá ser capaz de:

- Identificar um modelo simples de currículo e usá-lo em sua própria instituição ou departamento;
- diferenciar entre as abordagens de processo e conteúdo para currículo e elaboração de curso;
- discutir as vantagens e desvantagens de ambas as abordagens e aplicá-las em sua própria situação;
- providenciar uma gama das principais idéias que devem ser estudadas em turismo e hospitalidade;
- identificar as maiores abordagens na educação em turismo e hospitalidade e propor exemplos;
- discutir as questões relacionadas ao conhecimento total em turismo e hospitalidade e a importância associada à área de pesquisa; e
- demonstrar conhecimento de diferentes culturas, para o desenvolvimento de currículos relacionados ao turismo e à hospitalidade.

Visão Geral da Seção de Estudo

Na Seção de Estudo 1, alguns dos maiores problemas e questões que os educadores em turismo e hospitalidade estão enfrentando atualmente foram apresentados e discutidos. A maioria das conclusões tiradas da investigação foram relativas à imaturidade da matéria que tem implicações para a apresentação do turismo e da hospitalidade no currículo e que, enquanto o conhecimento total relacionado, especificamente, a tais áreas está progredindo, a matéria continua à mercê de outras disciplinas.

Importância do currículo e "design" do curso para que e a educação em turismo e hospitalidade se torne mais bem estabelecida

Desde que turismo e hospitalidade estão mais bem-estabelecidas e a pesquisa continua a desenvolver o conhecimento total, as oportunidades relativas a "design" de cursos e currículos para os educadores estão aumentando. Em conseqüência, é essencial que você, enquanto educador, tenha conhecimentos teórico e prático dos princípios de currículo e "design" de curso, para aplicá-los e integrá-los à(s) sua(s) própria(s) matéria(s).

Modelo de currículo

A **Unidade de Estudo 4**, entretanto, fornecerá embasamento teórico no qual currículo e "design" de curso estarão inseridos. Você encontrará um modelo de currículo na Unidade de Estudo 4 em que o aprendiz é o centro e outras obrigações e oportunidades são identificadas. Mesmo sendo o modelo relativamente simples e conciso em sua abordagem, combinados a outros modelos apresentados oferecerá uma boa visão geral e introduzirá a forma como os currículos devem ser concebidos e desenvolvidos.

Conteúdo e processo de abordagem

Serão apresentadas duas grandes abordagens para o desenvolvimento de currículos, denominadas de Conteúdo da Abordagem e Processo de Abordagem. Elas serão exploradas e discutidas em maiores detalhes no final da Seção de Estudo 2.1 e aplicadas ao turismo e hospitalidade onde forem apropriadas.

A **Unidade de Estudo 4** será concluída com uma avaliação detalhada do Processo de Abordagem para currículo e "design" de curso dando maior ênfase ao indivíduo que a Abordagem de Conteúdo e levando em consideração fatos passados e considerações presentes que têm potencial para influenciar requisitos acadêmicos e desempenho.

Por que estudar turismo e hospitalidade?

A **Unidade de Estudo 5** se concentrará nas aplicações da estrutura teórica para a educação em turismo e hospitalidade em sentido prático. As primeiras páginas, entretanto, serão dedicadas a discutir uma questão importante: por que estudar turismo e hospitalidade? Tendo feito a revisão do assunto, continuaremos a introduzir abordagens específicas para a educação em turismo e hospitalidade que possam ser identificadas.

A **Unidade de Estudo 6** continuará a observar exemplos específicos de conteúdo de curso para turismo e hospitalidade, o conhecimento total em turismo e hospitalidade e a importância e relevância da pesquisa neste contexto.

Exemplos de conteúdo de curso

Finalmente, a **Unidade de Estudo 7** oferecerá uma avaliação da abordagem intercultural para "design" de currículo voltado ao turismo e à hospitalidade.

Abordagem intercultural

2 *Seção de Estudo*

Unidades de Estudo

4. "Design" de Currículo e Curso: Abordagem Teórica

5. "Design" de Currículo e Curso para Educadores em Turismo e Hospitalidade

6. Conhecimento Total e Atividade de Pesquisa

7. Abordagens Interculturais para a Educação em Turismo e Hospitalidade

Unidade de Estudo 4

"Design" de Currículo e Curso: Abordagem Teórica

4.1 Modelos de Currículo
4.1.1 Modelo Simples
4.1.2 Outros Modelos

4.2 Abordando o Currículo
4.2.1 Conteúdo Versus Processo de Abordagem

4.3 Atividade do Aprendiz

4.4 "Feedback" e Comentários

4.5 Abordagem de Conteúdo para "Design" de Currículo e Curso
4.5.1 Metas
4.5.2 Para Pensar
4.5.3 Objetivos
4.5.4 Atividades do Aprendiz
4.5.5 "Feedback" e Comentários
4.5.6 Sumário
4.5.7 Conteúdo
4.5.8 Para Pensar
4.5.9 Métodos
4.5.10 Objetivos e Métodos de Ensino
4.5.11 Avaliação e Métodos de Ensino
4.5.12 Conteúdo e Métodos de Ensino
4.5.13 Para Pensar
4.5.14 Avaliação
4.5.15 Resumo
4.5.16 Avaliação de Currículo
4.5.17 Impedimentos
4.5.18 Para Pensar

4.6 Abordagem de Processo
4.6.1 Integração de Currículo
4.6.2 Integração Horizontal
4.6.3 Articulação Vertical

4.7 Modelos de Integração Horizontal e Articulação Vertical
4.7.1 Integração Horizontal
4.7.2 Articulação Vertical
4.7.3 Inter-relações entre Integração Horizontal e Articulação Vertical

4.8 Críticas ao Processo de Abordagem
4.8.1 Resumo

4.9 Para Pensar

4
"Design" de Currículo e Curso: Abordagem Teórica

4.1 Modelos de Currículo

4.1.1 Modelo Simples

Um modelo de currículo relativamente simples e bem-aceito está demonstrado na Figura 4, a seguir.

O modelo é cíclico e mostra como os elementos diferentes do currículo se encaixam para formar uma abordagem holística.

Abordagem holística

Em termos de abordagem de sua própria instituição ou departamento para "design" de currículo ou curso, seria interessante você gastar alguns minutos para identificar os impedimentos e as oportunidades que afetam a apresentação do currículo e o resultado de seu conteúdo. Obviamente, haverá considerações com mais influência que outras e os fatores mais significativos – positivos ou negativos, impedimentos ou oportunidades – serão, certamente, diferentes de uma instituição similar oferecendo um programa comparável.

Os impedimentos ou oportunidades dentro de um departamento ou instituição devem operar, provavelmente, como únicas. Em nível micro, a disponibilidade (ou indisponibilidade) dos recursos pode influenciar a maneira como o

Impedimentos interiores/ micros e oportunidades para desenvolvimento de currículo

4. "Design" de Currículo e Curso: Abordagem Teórica

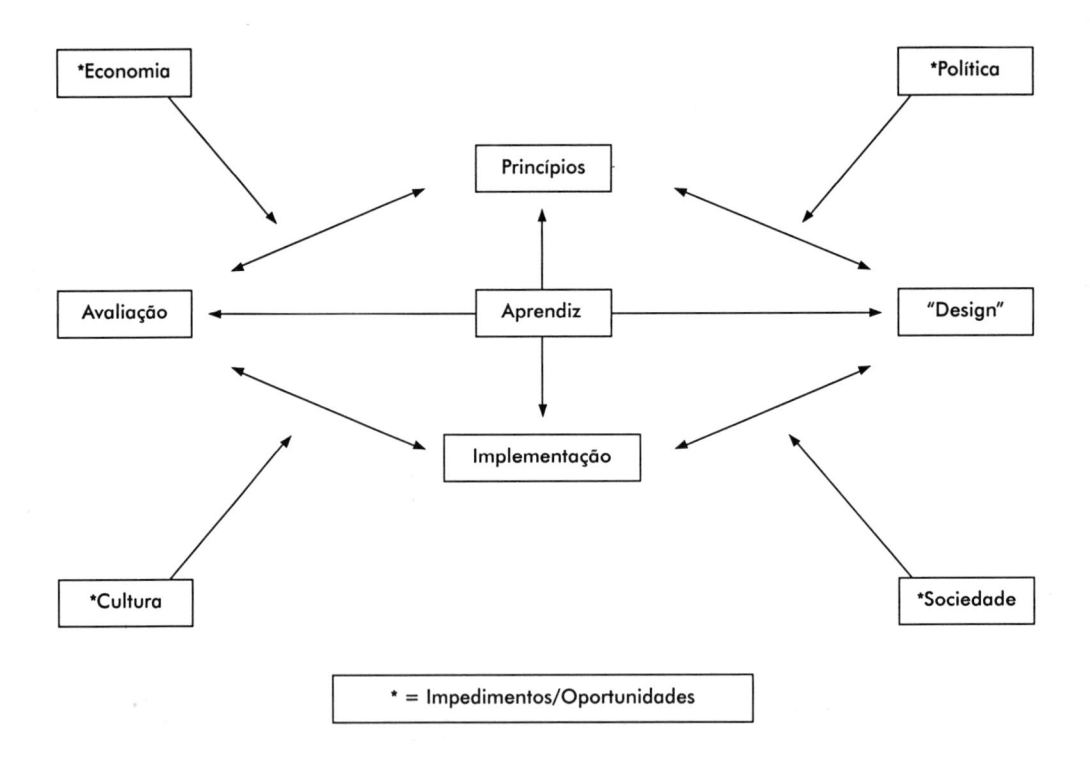

Figura 4.1 – Modelo Simples.

currículo é desenvolvido: por exemplo, você pode achar que o curso (ou cursos) que desenhou é (ou são) limitado(s), certa ou erroneamente, em termos de conteúdo, por interesses e habilidades dos membros do "staff".

Impedimentos exteriores/macro/ governamentais ou industriais

Em nível macro, outros impedimentos serão inevitavelmente predominantes. Por exemplo, há atualmente um debate acalorado sobre os currículos educacionais dentro da educação contínua: eles estão se tornando muito prescritivos ou não? Caso você enverede mais para o treinamento e educação baseado na competência, poderá sentir os impedimentos impostos pelo governo ou pela indústria, que interferem em um nível inaceitável com autonomia individual e institucional no "design" de curso e currículo.

Qualquer que seja sua experiência e visão sobre o assunto, você provavelmente entenderá que o simples modelo apresentado na Figura 4.1 não é somente um modelo de currículo, que procura definir o caminho pelo qual os currículos se desenvolvem mediante os impedimentos impostos e as oportunidades observadas em ambos os níveis macro e micro. Antes de checarmos as duas maiores abordagens para "design" de curso e currículo, gostaríamos, então, de apresentar, brevemente, um sumário de outros estudiosos que desenvolveram modelos nesse contexto.

4.1.2 Outros Modelos

Há um número de modelos teóricos reconhecidos, desenvolvidos nos últimos 45 anos com o objetivo de analisar e categorizar o processo de "design" de curso. Você pode ou não ter ouvido falar sobre alguns dos autores e modelos que listamos a seguir, mas tentamos apresentar uma visão representativa das principais idéias que influenciaram o processo do "design" de curso e currículo.

Principais idéias que influenciam o "design" de curso e currículo

Enquanto você trabalha nesta Unidade de Estudo, tente relacionar a teoria apresentada à prática que caracteriza sua instituição. Isso o ajudará a desenvolver uma abordagem mais analítica em relação às teorias que influenciaram a direção de "design" de currículo e, também, à maneira pela qual a matéria é tratada dentro da instituição.

Relação teoria e prática

Tyler (1949) foi um dos primeiros a adotar uma abordagem científica para a natureza (e seqüência) das decisões envolvidas em um "design" de curso. Suas idéias influenciaram os que estavam implicados na preparação de curso e currículo em todos os níveis educacionais e em vários tipos de instituições educacionais.

Tyler – abordagem científica

| Objetivos/metas | Experiências de aprendizagem | Organização | Avaliação |

Figura 4.2 – Modelo de Tyler.

A seguir, você encontrará uma descrição mais detalhada do modelo de *Tyler*, que explica as principais idéias de sua teoria e expande a terminologia que o autor usa:

Objetivos/metas: A que objetivos educacionais a instituição deveria procurar se ater?

Experiência de aprendizado: Que experiências educacionais podem ser trasmitidas e que, provavelmente, atingirão tais propósitos?

Organização: Como as experiências educacionais podem ser efetivamente organizadas?

Avaliação: Como podemos determinar se os objetivos foram ou não alcançados?

Intuitivo Consideramos que esse modelo reflete uma abordagem intuitiva para "design" de curso e currículo e *Tyler* simplesmente deixou explícito a abordagem que muitos de nós já usamos ou usaríamos.

Hirst: conteúdo do método Outros escritores do assunto freqüentemente fazem uso do modelo de *Tyler* como ponto de partida, bem como adaptações maiores ou menores. *Hirst* (1978) acoplou alguns elementos a outros e se refere, por exemplo, a experiências de aprendizagem de conteúdo e organização como método.

Bligh: decisões sobre um elemento ajustado a outros Outros teóricos como *Bligh* (1975) sugerem que não é apropriado ordenar os elementos associados ao processo de currículo e "design" de curso da maneira sugerida por *Tyler e Hirst*. *Bligh* argumenta que o modelo de *Tyler* implica em um relacionamento de mão única entre elementos onde, de fato, as decisões sobre um elemento invariavelmente afetarão todas as outras. Dessa forma, *Bligh* argumenta que um "designer" de curso pode tomar decisões sobre qualquer um dos elementos do modelo, desde que todos os outros estejam ajustados a ele.

Eraut (1975) assumiu a proposta de *Bligh* e popularizou a idéia de que existe um relacionamento muito forte entre todos os elementos envolvidos no processo de "design" de curso e currículo, como descritos pelas setas na Figura 4.3.

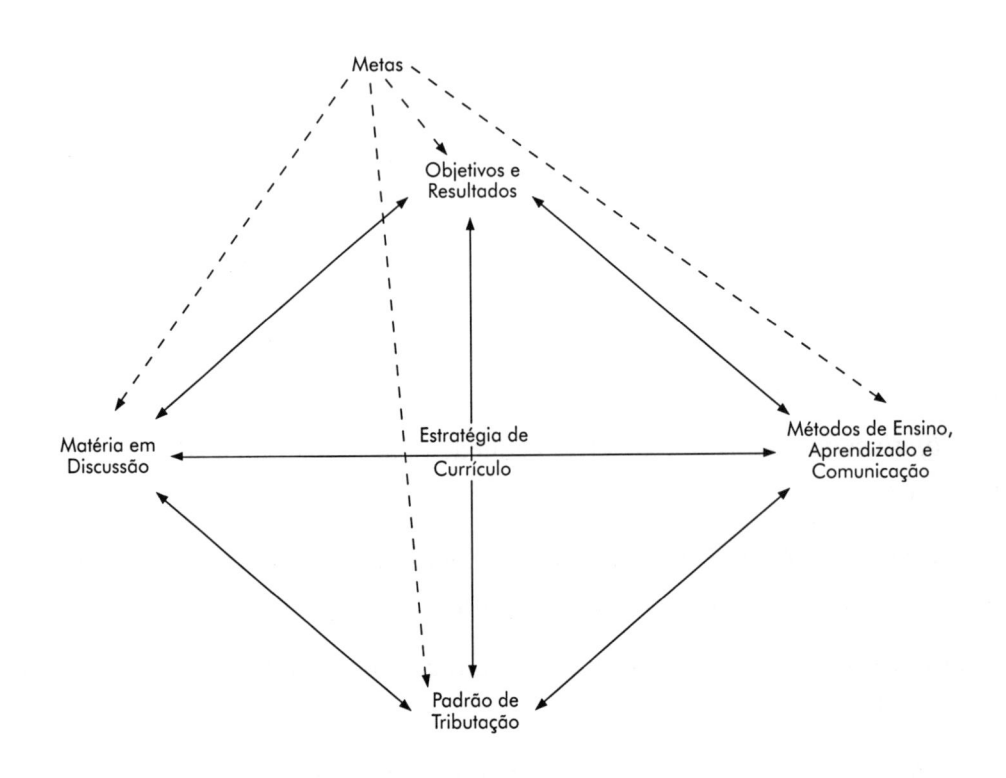

Figura 4.3 – (Fonte: Eraut, 1975).

O modelo de *Eraut* demonstra a maneira pela qual ele acredita que os vários elementos estão interligados. As linhas pontilhadas indicam o modo que as decisões sobre cada elemento devem refletir os objetivos ou a essência do curso.

Eraut: elementos interligados

Caso você esteja envolvido na preparação de currículo para turismo ou hospitalidade, provavelmente terá passado pelos processos que *Eraut* apresentou: decisões sobre ensino, aprendizagem, métodos de comunicação e disponibilidade de material de estudo de caso, para educadores em turismo e hospitalidade, por exemplo, influências sobre os modelos de avaliação (e vice-versa).

Decisões sobre um elemento que influencia outros

Mais recentemente, *Rowntree* (1982) desenvolveu um modelo mais complexo, onde os elementos são seqüenciais e incorporados aos turnos de "feedback". *Rowntree* adicionou "embaraços" em seu modelo, para ilustrar que todas as decisões relacionadas ao currículo e ao "design" do curso têm que ser tomadas num contexto geral da instituição (incluindo suas limitações), para serem efetivas.

Rowntree: decisões dentro do contexto geral da instituição

O modelo desenvolvido por *Manwaring e Elton* (1984) é a adição mais recente para a teoria relacionada ao processo de currículo e "design" do curso. Foi publicado em 1984 e está cada vez mais se tornando bem-reconhecido e aceito, porque combina efetivamente as abordagens já descritas.

Manwaring e Elton: abordagens combinadas

O modelo desenvolvido por *Manwaring e Elton* está ilustrado na Figura 4.5.

Você pode notar que *Manwaring e Elton* identificaram os "embaraços" que podem operar e interferir no processo de "design" de currículo e curso. Eles os dividiram em quatro partes constituintes: recursos, custos, atitudes e políticas. Em termos turísticos, os educadores envolvidos com educação em turismo podem achar que as atitudes de outros colegas são influenciadas pelo departamento ou corpo docente da área onde o turismo foi situado: há aqueles, por exemplo, em qualquer instituição, que acham que o turismo é um impostor acadêmico sem tradição legítima. A localização do turismo na instituição se transforma, então, em questão e embaraço.

Embaraços de currículo e curso: recursos, custos, atitudes e políticas

Embaraços de recursos também podem exercer uma influência considerável no processo de "design" de currículo e curso e, por exemplo, limitar o turismo a ser uma opção de disciplina "verdadeira", já que o custo para estabelecer o turismo como um curso "real" é muito alto em termos de funcionários e recursos associados.

Embaraços de recursos e limite do currículo de turismo

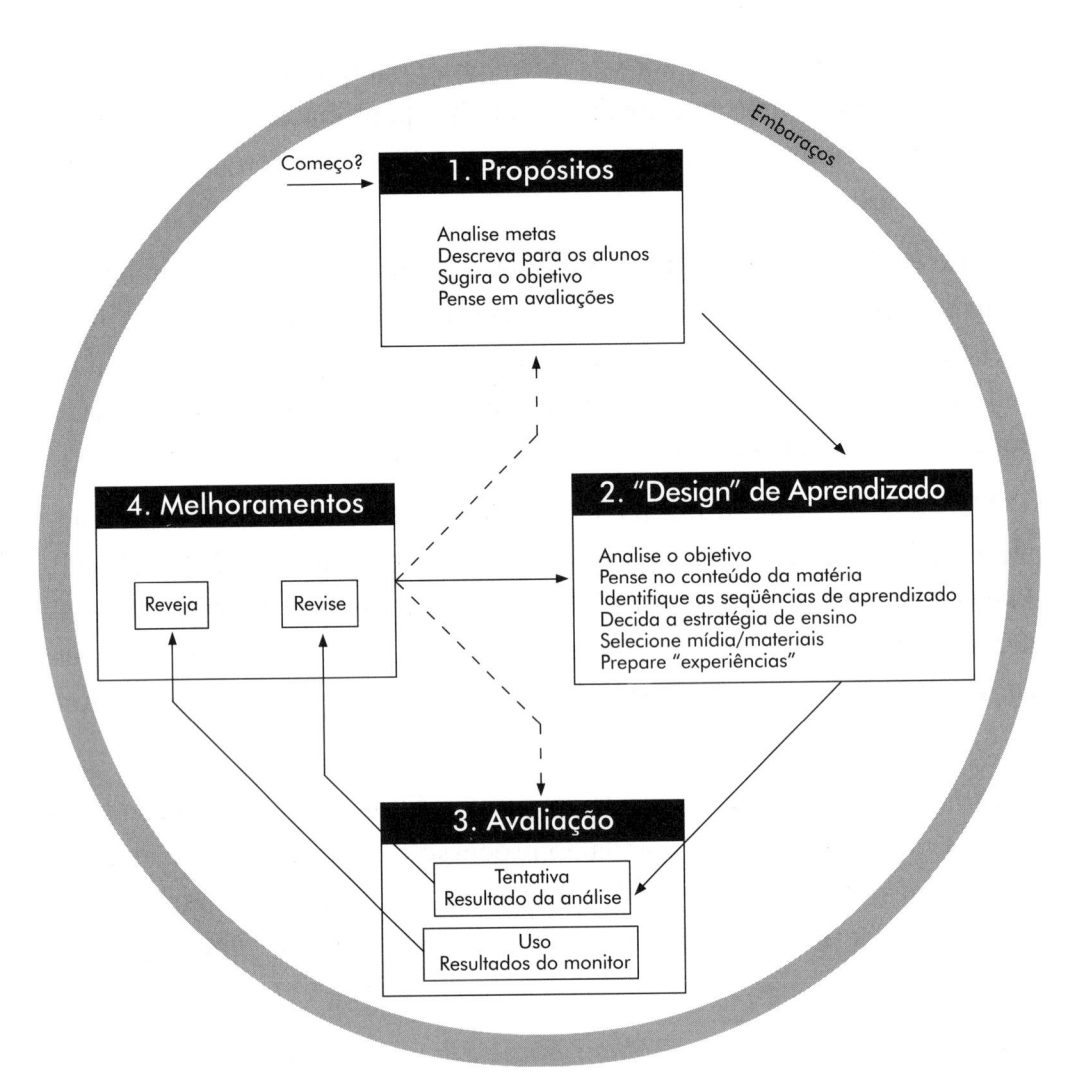

4. "Design" de Currículo e Curso: Abordagem Teórica

Figura 4.4 – Modelo de Rowtree (Fonte: Rowtree, 1982).

As considerações políticas também devem ser levadas em conta; a atitude daqueles que exercem influência pode ser um grande fator de embaraço.

Processo de avaliação do curso

O modelo também ressalta a avaliação: *Manwaring e Elton* argumentam que, além de tomar decisões sobre como examinar os alunos durante o curso, também é importante criar um processo de avaliação, assegurarando que os objetivos e as metas preestabelecidos estão sendo atingidos e que sua operação geral está sendo monitorada cuidadosamente.

Será necessário que você use o modelo de *Manwaring e Elton* freqüentemente durante a leitura desta Unidade de Estudo e quando as discussões enfocarem a abordagem de conteúdo.

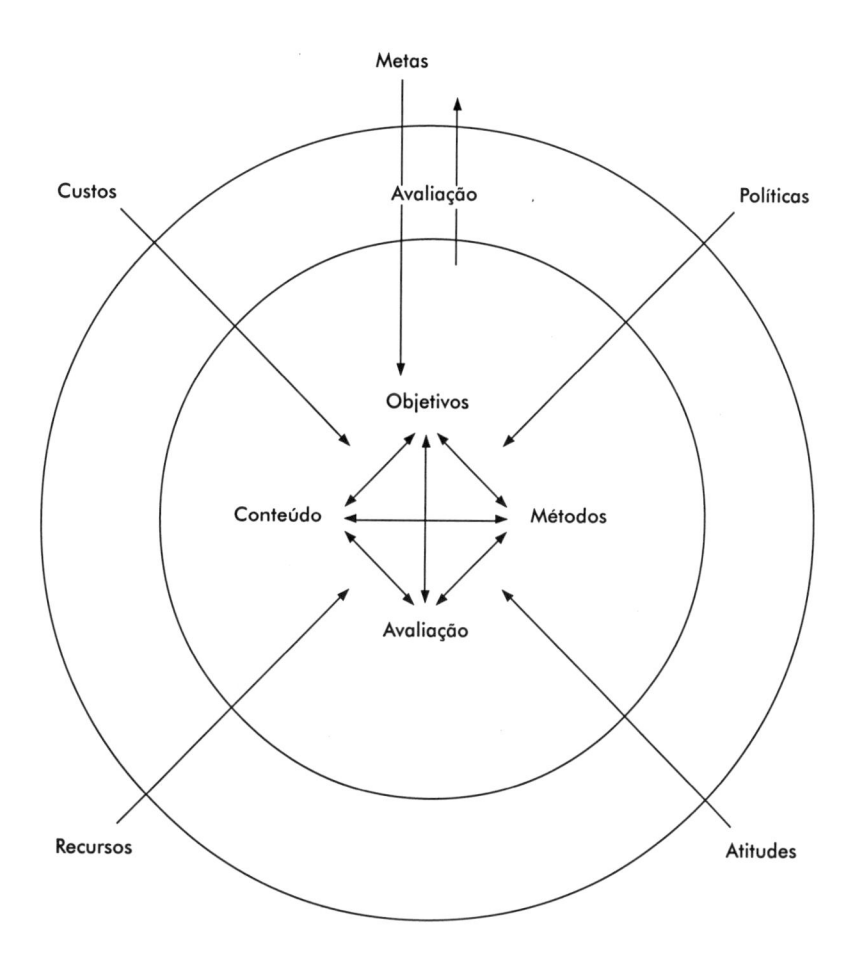

*Figura 4.5 – Modelo de Manwaring e Elton
(Fonte: Manwaring e Elton, 1984).*

4.2 Abordando o Currículo

4.2.1 Conteúdo Versus Processo de Abordagem

Há muitas maneiras diferentes de entender o conceito de currículo. Dentro de sua instituição, por exemplo, o currículo pode ser visto como um ponto focal onde certos elementos se reúnem, para fornecer ao aluno uma experiência educacional, que pode ser padronizada no conteúdo e abordagem.

Maneiras diferentes de entender o conceito de currículo

ABORDAGEM DE CONTEÚDO	PROCESSO DE ABORDAGEM
• Habilidades ou conhecimento para serem transmitidos são pré-decididos.	• Estabelecer uma atmosfera favorável para a aprendizagem.
• O conhecimento total a ser transmitido é agrupado em unidades lógicas, para a comunicação aos alunos.	• Estabelecer um mecanismo de consulta para o aluno.
• Os meios de transmissão mais efetivos são selecionados pelo tutor.	• Identificar as necessidades individuais dos alunos.
• O tutor desenvolve um plano para a apresentação da informação ao aluno.	• Elaborar um programa que supra as necessidades identificadas pelos alunos.
(Pickup e Wolfson, 1986)	• Elaborar um modelo de experiências de aprendizagem.
	• Estabelecer um mecanismo de avaliação que assegure o atendimento das necessidades dos alunos e, caso elas não estejam sendo supridas, o processo deve ser revisto.
	(Knowles, 1984)

Abordagem de conteúdo – provedor central

Esse tipo de perspectiva representa uma visão mais estabelecida do currículo onde a provisão, ou o provedor, é central. Em termos de teoria educacional, você provavelmente se referiria a isso como Abordagem de Conteúdo.

Abordagem de processo – aprendiz central

Alternativamente, sua instituição talvez esteja tentando transcender a experiência educacional mais rígida em detrimento à abordagem curricular que demonstre uma ênfase diferente. Talvez você esteja tentando fornecer aos seus alunos um currículo de natureza mais flexível e que lhes permita moldar seus estudos, assegurando maior aproximação entre as necessidades individuais e as provisões institucionais. Os teóricos educacionais se refeririam a esse tipo de abordagem, no qual o aprendiz, e não a instituição, é o centro, como Abordagem de Processo.

Na tabela acima, as características principais de ambas abordagens estão listadas para sua consideração.

Você pode concluir, pela descrição anterior, que a Abordagem de Conteúdo realmente se refere à mais tradicional, centrada na provisão, enquanto a Abordagem de Processo reflete o sistema mais aberto de educação, um pouco mais progressista e centrado no aprendiz. Entretanto, você deve estar consciente de que as características mencionadas anteriormente por *Pickup e Wolfson* e *Knwols* descrevem sistemas extremistas. A maioria dos sistemas geralmente incorpora elementos de ambos: o aberto e o fechado.

Sua própria experiência como professor ou educador pode dificultar a conciliação de duas abordagens tão diferentes. Suas metas e objetivos são diferentes e a ênfase dada pelo sistema aberto diferirá, consideravelmente, daquela dada pela abordagem mais tradicional. Por exemplo, mais do que se concentrar em avaliação, conteúdo do método, o sistema aberto provavelmente estará mais voltado para autodesenvolvimento, conhecimento de novos amigos e habilidades transferíveis.

Você provavelmente terá preferência em termos de sistemas que mais o agradem e onde se sinta mais confortável. É inegável, entretanto, que o sistema geral de educação está se tornando bastante complexo, menos padronizado e mais aberto em sua natureza.

Caso você esteja envolvido com adultos ou em educação continuada, provavelmente estará a par de que a Abordagem de Processo para o currículo e "design" de curso, está em evidência já há algum tempo nessas áreas. Entretanto, a ênfase da centralidade no aluno é filtrada, também, por meio de outros níveis da educação. Você se familiarizará com termos tais como Acesso, CATS, Reconhecimento para Aprendizado Experimental Prévio (APEL) e Contratos de Aprendizagem. Você reconhecerá as tentativas de encorajar os alunos a articularem suas próprias metas e expectativas, o que leva a uma abordagem mais individualizada, na qual experiências anteriores e qualificações são formalmente reconhecidas. Os termos e a filosofia neles intrínseca serão discutidos em detalhes na Unidade de Estudo 8.

Enfatizando a aprendizagem centrada no aluno

4.3 Atividade do Aprendiz

Assim como os outros modelos que foram apresentados anteriormente nesta Unidade de Estudo, é providencial que você pense sobre os princípios traçados e tente aplicá-los em sua instituição, departamento ou curso que lhe seja familiar.

Aplique os princípios em sua instituição

Isso não somente o ajudará a entender melhor os conceitos, mas também será um instrumento para que você se torne mais familiarizado com a filosofia e a razão intrínseca à teoria do "design" de currículo e curso.

Você não precisa gastar tanto tempo nesta atividade – neste estágio, uma visão geral é o suficiente. Isto poderá ser mais bem-avaliado ao verificarmos as Abordagens de Conteúdo e Processo e você estará em uma posição melhor para fazer pesquisas mais detalhadas.

4.4 "Feedback" e Comentários

Processo e "design" de curso

Agora que você refletiu sobre a abordagem da sua instituição e os embaraços nos quais ela opera, vamos observar mais detalhadamente o processo de "design" de curso e alguns modelos teóricos que definem essa área da teoria educacional.

4.5 Abordagem de Conteúdo para "Design" de Currículo e Curso

Descrição detalhada das abordagens

Você já foi apresentado a modelos teóricos desenvolvidos para demonstrar algumas das abordagens mais conceituais para "design" de currículo e curso; continuaremos com uma descrição mais detalhada da avaliação das Abordagens de Conteúdo e Processo para o currículo e seu desenvolvimento.

Já que a Abordagem de Conteúdo é tida como uma forma histórica e convencional de ensinar e aprender, lidaremos primeiro com ela. O modelo desenvolvido por *Manwaring e Elton* (1984) já foi apresentado, mas será reproduzido a seguir, para facilitar a referência.

Abordagem de conteúdo – centrado na instituição

Para reiterar, esse modelo é geralmente tido como ilustração da Abordagem de Conteúdo, que reflete uma forma menos flexível de aprendizado, centrada na instituição.

Continuaremos esta Unidade de Estudo dividindo o modelo de *Manwaring e Elton* em suas partes constituintes e discutindo cada elemento em detalhe, usando, em alguns casos, o trabalho de teóricos relevantes para ilustrar os pontos. Onde for possível, aplicaremos a teoria à prática de ensino do turismo.

4.5.1 Metas

Observando inicialmente as metas, a essência da Abordagem de Conteúdo se apóia no estabelecimento de metas apropriadas, sejam elas de produto (por exemplo, lista do que um aluno deveria ser proficiente como resultado de sua educação) ou de processo (por exemplo, como um aluno deveria chegar a tal ponto de proficiência).

Metas apropriadas

No desenvolvimento de metas, é normal observar o que professor, departamento, instituição, programa ou curso pretendem. Doravante, palavras como fornecer, dar, cultivar, desenvolver, possibilitar serão usadas comumente nesse contexto. Dessa maneira, quando um aluno for apresentado aos impactos culturais do turismo, um de seus objetivos pode ser "desenvolver e fomentar o entendimento e o respeito em relação à cultura de uma sociedade ou comunidade".

O que o professor ou o curso pretendem fazer

O estabelecimento de metas realistas é integral para a Abordagem de Processo, apesar de ser difícil julgar de forma correta se os objetivos foram ou não alcançados. É especialmente importante que metas coerentes e apropriadas sejam desenvolvidas para novos cursos e que as implícitas nos cursos já existentes se tornem explícitas para encorajar a discussão e a modificação (se necessária).

Metas realistas

A seleção de objetivos de currículos apropriados, entretanto, não é um processo rápido e simples. Você pode ter tido uma experiência para sugerir que é exatamente o oposto, devido a alguns fatores que terão importante influência para o "design" do currículo e do curso: de um lado, o desenvolvimento de metas ligado às suas considerações éticas e filosóficas e, de outro, ligado à praticidade e ao desenvolvimento de expectativas realistas.

Metas de currículos apropriados

Freqüentemente, como educador você pode ser forçado a fazer escolhas difíceis entre objetivos atrativamente iguais que, para serem alcançados, irão requerer métodos mutuamente incompatíveis.

Filosofia e ética versus praticidade e expectativas realistas

4.5.2 Para Pensar

Você pode voltar sua atenção para um curso ou cursos nos quais esteja envolvido e considerar as metas que está tentando atingir. Se já os anotou, deve considerar se eles ainda são apropriados e, se as metas não foram atualizadas por algum tempo, é uma oportunidade ideal para reconsiderar os objetivos de seu curso e modificá-los, se necessário.

Atualize, reconsidere as metas

4.5.3 Objetivos

O que o aluno deve ser capaz de fazer como resultado do curso

O objetivo deste contexto é a declaração do que o aluno deve ser capaz de fazer como resultado da experiência da aprendizagem. Tipicamente, palavras como afirmar, medir, desenhar, calcular, explicar, criar podem ser usadas para expressar os objetivos.

Geralmente, os objetivos se prestam para complementar medidas enquanto derivem diretamente de objetivos, o que não é sempre (ou necessariamente) o caso. Então, tomando nosso exemplo anterior um passo mais adiante, o objetivo derivado da meta pode assegurar que o aluno possa "explicar por que o turismo pode ter um impacto negativo na cultura de uma comunidade, quais os impactos possíveis e como podem ser minimizados".

Bloom: classificação para examinadores

Você deve ter ouvido falar de *Bloom* e talvez já esteja familiarizado com seu trabalho sobre objetivos, publicado na transição da década de 40 para 50, que propunha o "design" de uma estrutura comum de referência, para facilitar a comunicação entre examinadores.

Bloom (e colaboradores) desenvolveram uma classificação em três partes:

Cognitivo

Parte 1 – denominada domínio cognitivo: preocupação era as habilidades mentais e intelectuais.

Afetivo

Parte 2 – que eles chamaram de domínio afetivo: a preocupação era com as atitudes e emoções.

Psicomotor

Parte 3 – que eles chamaram de domínio psicomotor: a preocupação era com habilidades manipulativas.

Estrutura de referência: 1940 – 1950

Essa classificação formou a base da estrutura de referência para examinadores há 40 anos, hoje sendo vista como uma importante contribuição para a teoria educacional.

Mager: aprendizagem programada

Outra grande contribuição para o campo de objetivos foi produzida por *Mager* (1962). Ele se preocupava com a esfera de aprendizagem programada (uma forma pouco rígida de auto-aprendizado) e assegurava que um objetivo deveria ter três componentes:

- Um modo de comportamento para ser observado;
- as condições sob as quais esse comportamento deveria ser observado;
- o nível ou padrão aceitável de conquistas.

Um dos benefícios de *Mager* foi o de fornecer um sumário de considerações que você, como educador e potencial designer, deve levar em consideração, quando estiver preparando seus currículos.

Sumário das considerações para "design" de currículos

Entretanto, o trabalho de *Mager* é descrito como não apropriado, quando consideramos o que *Bloom* chamaria de objetivos cognitivos ou afetivos de alto nível, que estão ligados ao desenvolvimento de habilidades mentais e intelectuais. Esta é a razão principal pela qual o trabalho de *Mager* não foi totalmente aceito por professores e educadores em educação mais avançada e sua influência ficou restrita a níveis mais baixos de treinamento industrial e comercial.

Bloom, habilidades mentais e intelectuais

Em termos de turismo, o trabalho de *Mager* pode ser mais bem-aplicado para treinamento vocacional e de habilidades, dando uma pequena ênfase a um nível de habilidade intelectual elevado, que cursos de educação mais avançados desejam desenvolver.

Mager: habilidades vocacionais e de treinamento

Consultando rapidamente *Eisner* (1969), verificamos que sua maior contribuição para nossa discussão de objetivos se refere ao processo pelo qual os alunos estão dispostos a atingir seus objetivos. *Eisner* desenvolveu seu trabalho para evitar críticas ou objetivos comportamentais e tentou analisar como os alunos chegam ao ponto final e como ele é determinado.

Eisner: processo de aplicação de objetivos

Eisner criou os termos objetivos "expressivos" e "instrucionais" e fez a seguinte diferenciação:

- **Objetivos Instrucionais**

  São essencialmente os objetivos comportamentais, nos quais o professor deve prever exatamente a mudança no comportamento de uma pessoa, de maneira que ela possa ser reconhecida e mensurada.

  Previsão de mudança de comportamento

- **Objetivos Expressivos**

  Descrevem um processo educacional, não um comportamento e o fazem identificando uma situação que os alunos possam captar, um problema que eles possam administrar ou uma tarefa em que eles possam se engajar.

  Identificando a situação onde o aluno aprende

Objetivos expressivos têm, necessariamente, alguma conotação com objetivos comportamentais e instrucionais e há uma expectativa implícita de que alguém os possa medir e em que dimensão eles podem ser obtidos.

Crítica: objetivos não podem ser medidos ou quantificados

Uma das maiores críticas ao trabalho de *Eisner*, entretanto, é que na prática não é possível medir e quantificar objetivos e é muito difícil saber se eles podem ou não ser atingidos.

Foco no processo de desenvolvimento de currículo

Nós sugeriríamos que, enquanto o trabalho de *Eisner* não for definitivo nesse campo, ele seja útil pela maneira como estimula e provoca reflexões sobre o assunto. Considerando as principais idéias de Eisner, os envolvidos no desenvolvimento do curso terão uma visão mais clara do processo de desenvolvimento de currículo e, possivelmente, desenvolverão um curso mais respeitado.

Considere os objetivos e desenvolva métodos adequados

O trabalho baseado nos objetivos é bastante difícil para absorver sem conhecimento e entendimento substanciais do assunto. Entretanto, como educador, é importante que você considere que os objetivos a serem atingidos, o desenvolvimento do método de ensino e um currículo com conteúdo adequado assegurarão aos seus estudantes os benefícios que esperam adquirir a partir de sua instrução.

Que conteúdos são necessários para atingir as metas e objetivos

Após ter articulado suas metas e objetivos, você terá que preparar o conteúdo que precisa ser incorporado ao currículo para assegurar que as metas e objetivos pretendidos sejam plenamente alcançados. Se, por exemplo, uma das metas do curso é "dar aos alunos uma visão das questões relacionadas à educação em turismo", o objetivo pode ser algo como "assegurar aos alunos a explicação de problemas associados à expansão da disposição dos cursos de turismo em um nível de educação mais avançado".

4.5.4 Atividade do Aprendiz

Fazendo referência à taxonomia de *Bloom,* escreva um objetivo para cada categoria por ele classificada para seu curso, ou um curso no qual você esteja razoavelmente familiarizado. Com alguns assuntos pode ser difícil desenvolver objetivos em um nível de compreensão e aplicação. Se você conseguir isso, vá para níveis mais elevados.

Observe se a hierarquia é válida para seu curso selecionado, considerando que o aluno precisa ter alcançado um objetivo em uma disciplina qualquer, antes de atingi-lo em outra de nível mais elevado.

4.5.5 "Feedback" e Comentários

Você pode achar muito simples completar o exercício, caso suas opiniões sobre o trabalho de *Bloom* sejam positivas. Por outro lado, você pode ter se sentido capaz de realizar a atividade facilmente, mas não pode dominá-la.

Isso pode acontecer parcialmente devido à forma como *Bloom* usa a terminologia não-convencional – por exemplo, você pode dizer que "aplicação" deveria vir no topo da hierarquia, por ser o produto final da educação. Entretanto, se verificar a definição de *Bloom*, verá que ele usa o termo no contexto esperado.

Um segundo problema pode ser quão específico tornar seus objetivos. Você pode torná-los mais ou menos específicos, como queira, mas ao fazer isto, você está arriscando desenvolver maior número de objetivos – talvez centenas – que seria necessário para descrever um curso completo em educação. Relacionado ao problema, está o fato de que se você desenvolver tais objetivos específicos, poderá estar limitando seus alunos e efetivamente proibindo-os de pensamentos e contribuições originais próprios.

Objetivos muito específicos podem limitar os alunos

Um outro problema relacionado ao assunto que você ensina: se está lendo isso, então você é, com certeza, um educador em turismo e hospitalidade. Isso provavelmente significa que é mais difícil para você especificar objetivos do que para aqueles que administram outras matérias como matemática e ciências. A ciência é inerente a termos mensuráveis de objetivos e mais facilmente dividida em elementos quantificáveis menores.

Os objetivos do estudo do turismo podem ter difícil especificação

Os especialistas em humanidades, por exemplo, podem achar muito mais difícil produzir objetivos realistas para a "compreensão" e categorias de "aplicação" de *Bloom*. Como educador em turismo, você pode achar problemas diferentes ao atribuir objetivos específicos para outros níveis na taxonomia de *Bloom*.

No final, você pode concluir que as especificidades da hierarquia não importam tanto e o que realmente interessa é que você foi estimulado a considerar seu(s) curso(os) e seu ensino de maneira apropriada e de forma amigável.

4.5.6 Sumário

Como você pode observar ao fazer referência ao modelo de *Manwaring e Elton*, há quatro elementos inter-relacionados no âmago do modelo, sendo um deles os objetivos. O debate sobre tais objetivos acalmou há pouco tempo, após discussões e exposições consideráveis nos anos 60. Isso não é para dizer, entretanto, que os educadores deveriam tornar-se complacentes sobre a importância dos objetivos e seu papel no "design" de curso e currículo.

Debate sobre objetivos

Nem tão restritivo, nem tão inflexível

É essencial que quando os "designers" de curso e currículo estabeleçam seus objetivos, eles não sejam nem muito restritivos, nem muito inflexíveis. Em resumo, o processo de objetivos padronizados, os quais devem ser atingidos, não devem compor o processo de currículo e o "design" do curso. Aqueles envolvidos no desenvolvimento do curso devem assegurar que existe flexibilidade para o estudante descobrir seu próprio caminho mediante uma tese que encoraje (e permita) a liberdade de pensamento e a capacidade de encontrar e agrupar objetivos pessoais.

4.5.7 Conteúdo

Harmonia de elementos

É essencial que o conteúdo seja selecionado com cuidado e o currículo desenvolvido com rigor, estando todos os elementos da equação em perfeita harmonia. Existem vários exemplos de como não desenvolver um currículo e apresentar um curso, enquanto *Benjamin* (1939) fornece um texto que também demonstra alguns dos perigos potenciais de perpetuar um currículo centralizado no conhecimento. As metas que guiam a seleção do conteúdo no currículo parecem ter sido baseadas em um profundo respeito aos tipos particulares de conhecimento para sua própria causa. Esse extrato, então, ilustra perfeitamente uma ideologia centralizada no conhecimento. Claramente, nenhuma tentativa foi feita pelos "educadores" no sentido de adaptar o currículo às aptidões e interesses individuais dos alunos. Também não houve nenhum experimento para modificar o que estava sendo ensinado e que fosse ao encontro das necessidades da sociedade. A esse respeito, não havia componentes de centralização na pessoa ou na sociedade. Talvez você queira saber como pôde perpetuar-se um currículo centralizado no conhecimento. Você mesmo, no entanto, pode ser capaz de identificar currículos que lhe são familiares, também centrados no conhecimento e que evoluíram sem relação alguma com as necessidades da sociedade.

Perigos da ideologia centralizada no conhecimento

Atualizando currículos

Você deve até pensar que os currículos de turismo e hospitalidade são culpados disso: muitos dos elementos que compõem o conhecimento de turismo não foram modificados, atualizados ou eliminados por muitos anos. Tal situação está agora sendo retificada por uma liderança relevante da indústria: a Associação de Gerenciamento Institucional de Hotel e Buffet (HCIMA), que completou recentemente um importante projeto para atender às necessidades educacionais e experimentais de gerentes na indústria da hospitalidade, para atualizar o conhecimento total, tendo o estudo envolvido gerentes em hospitalidade de toda Europa. A Sociedade de Turismo Britânica e o Conselho Nacional de Prêmios Acadêmicos (CNAA), pouco antes de se dissolverem, fizeram uma importante revisão nos níveis de estudo de turismo. Parte dessa pesquisa foi planejada para atualizar o conhecimento total em turismo que não havia sido formalmente atualizado há mais de dez anos. Os dois trabalhos serão vistos com mais detalhes na Unidade de Estudo 5, que trata da evolução do conhecimento total em turismo e hospitalidade.

Apesar das pesquisas abrangentes, ainda é muito difícil acessar o grau de conteúdo centrado no conhecimento que existe dentro da estrutura educacional. Isso acontece principalmente em um nível onde a liberdade acadêmica permite que educadores individuais trabalhem livremente nas suas estruturas de curso e desenvolvam seus currículos de forma independente. Conseqüentemente, argumentaríamos que professores e educadores, ao selecionarem o conteúdo de um curso, devem, de forma direta, apresentar os objetivos e assegurar que o conteúdo desenvolvido vá ao encontro dos objetivos prescritos.

Currículo de conteúdo centrado no conhecimento

Reveja o modelo de *Manwaring e Elton* (Fig. 4.5) e examine a contestação que existe sobre a influência mútua entre conteúdo e objetivos. Não é necessariamente o caso relativo ao desenvolvimento do conteúdo pelos objetivos que foram provavelmente derivados de metas de curso, apesar de ser bastante comum que eles o influenciem.

Rowntree (1982) desenvolveu uma lista de checagem de "Maneiras Pragmáticas para Selecionar Conteúdo". Leia com o curso em mente (por exemplo: um curso que você desenvolveu ou que lecionou) e tente avaliar quais dos critérios de *Rowntree* você poderá utilizar para o curso e por quê.

Exercício

Como se pode ver pela lista de *Rowntree*, existem muitas maneiras de selecionar o conteúdo de um curso e seus "designers" não devem se sentir limitados a usar objetivos como o critério de seleção mais importante. Não limitar o conteúdo ao que é aceito ou estabelecido pode provocar o desenvolvimento de abordagem de curso e "design" de currículo mais inovador e criativo.

Tendo isso em vista, é mais comum os educadores terem que seletivamente excluir áreas de estudo e, para muitos, é um problema mais grave do que não ter conteúdo suficiente. Em geral, como você deve ter percebido, é o caso de equilibrar os antigos fundamentos onde os alunos devem desenvolver um entendimento básico da área de estudo, com pesquisas recentes, que oferecem novas perspectivas e uma abordagem que reflita o pensamento atual e a teoria moderna.

Fundamentos do equilíbrio com novas pesquisas

Talvez seja um problema maior para as matérias como turismo, que ainda estão tentando se estabelecer e desenvolver um conhecimento total, do que para disciplinas estabelecidas. Mesmo assim, educadores ligados a todas as disciplinas e matérias devem ter consciência de que não podem administrar cursos e currículos que adotem o conhecimento apenas pelo conhecimento.

4.5.8 Para Pensar

O conteúdo influencia os objetivos e/ou vice-versa

Seria interessante você pensar no processo de planejamento do curso da sua instituição e verificar até que ponto o conteúdo influencia os objetivos e/ou vice-versa. Pode-se descobrir, por exemplo, que nem sempre os objetivos precisam ser especificados antes do conteúdo; ou se concluir que, sem metas definidas e objetivos bem-colocados, muito educadores abusam do privilégio da liberdade acadêmica e desenvolvem o currículo baseado na própria especialização de sua tese à custa de uma abordagem essencial e genérica.

4.5.9 Métodos

Relacionamento duplo

Continuando o método elementar do modelo de *Manwaring e Elton*, você pode ver que eles sugerem haver vários relacionamentos duplos:

- Entre métodos e objetivos;
- entre métodos e avaliações; e
- entre métodos e conteúdo.

4.5.10 Objetivos e Métodos de Ensino

Como já foi notado anteriormente, há duplo relacionamento entre objetivos e métodos de ensino. Entretanto, na prática em geral, os professores podem ser forçados a priorizar os métodos de ensino e desconsiderar os objetivos, resultando em impedimentos onde eles atuam, como por exemplo, nas comunidades, regras, tamanho da classe e leitura *versus* guias de estudo.

Impedimentos

Os educadores em turismo e hospitalidade podem ter maior flexibilidade na área que os educadores em outras disciplinas, desde que tenham acesso às técnicas como viagens de campo, estudos de caso e visitas e estes serão discutidos, com maiores detalhes, na Unidade de Estudo 9.

4.5.11 Avaliação e Métodos de Ensino

É essencial que os métodos de ensino sejam direcionados a levar os alunos a avaliações, mas é importante que esse não seja um critério acima de todos. Para educadores em turismo e hospitalidade, a seleção de métodos disponíveis de ensino é comparativamente ampla, servindo para encorajar inovações na avaliação.

4.5.12 Conteúdo e Métodos de Ensino

Mais uma vez, pode-se ver, pelo modelo de *Elton e Manwaring,* que existe um relacionamento bilateral entre método e conteúdo e vice-versa. Obviamente, educadores que ensinam ciências práticas deverão adotar métodos de ensino apropriados (por exemplo, seções práticas) e educadores em turismo devem também selecionar o mais apropriado para o conteúdo e natureza da informação a ser transmitida.

4.5.13 Para Pensar

Mais uma vez, você pode querer ponderar a maneira pela qual seleciona os seus métodos de ensino e se sua seleção é ou não influenciada, de forma injustificada, pela objetividade, avaliação ou conteúdo do curso.

Pondere como você seleciona métodos de ensino

Como as atuais correntes de educação superior e de disciplinas extra-curriculares visam à introdução de métodos de ensino mais empreendedores, você poderá considerar, como possível alternativa, a atual abordagem, que seria benéfica a você e seus alunos.

4.5.14 Avaliação

Você já está ciente de que este é um tópico muito grande e poderia haver um módulo totalmente dedicado a ele. Há diferentes tipos de avaliação incluindo múltipla escolha, verdadeiro ou falso, questões de respostas rápidas, respostas longas, redação, interpretação de texto, análise de dados, estudo de casos, trabalhos de campo e visitas a locais.

Os tipos de avaliação selecionados para qualquer atividade são determinados, em parte, pelo nível de habilidade cognitiva que deve ser testada. Uma pergunta direcionada em qualquer nível, implicitamente, também testa todos os níveis abaixo dele. Referindo-nos à taxonomia de *Bloom,* qualquer pergunta dirigida à aplicação de teste irá, de modo inerente, também testar o conhecimento. Então, em estudo de turismo, por exemplo, quando um aluno for testado quanto às suas habilidades em aplicar o conceito de ciclo de vida a um destino, o educador, automaticamente, também estará testando se o aluno tem ou não conhecimento do conceito de ciclo de vida e qual seu entendimento sobre os princípios desse ciclo.

Avaliação de habilidades cognitivas

Você deve estar ciente do argumento que assegura que, quanto mais alta a habilidade cognitiva a ser testada e tentada, maior a liberdade que os alunos devem ter para demonstrar seus pensamentos.

Você deve agora tomar como referência o modelo de *Elton* (1982), que pode ser encontrado a seguir, na Figura 4.6:

Tipos de avaliação

Conhecimento	Questões de múltipla escolha
Compreensão	(nenhuma escolha)
Compreensão	Respostas curtas
Aplicação	Questões
Análises	(escolha limitada)
Análises	Problema ou redação
Síntese	Questões
Avaliação	(escolha considerável)

Figura 4.6 – (Modelo de Elton, 1982).

Elton tentou associar habilidades cognitivas aos tipos de questões do exame. Ele sugere que questões direcionadas à habilidade de ordem mais alta devem permitir que os alunos demonstrem conhecimento, habilidades críticas e analíticas, integralmente. Então, para cursos vocacionais de turismo, nos quais habilidades manipulativas estão sendo desenvolvidas e o domínio psicomotor está sendo testado, a seleção do método de avaliação mais apropriado seria bastante diferente daqueles cursos superiores, em que se desenvolvem habilidades intelectuais e testam o domínio cognitivo.

Técnicas mais amplas de avaliação

Para educadores em turismo e hospitalidade, a abrangência mais ampla de técnicas de avaliação é altamente disponível. O assunto será discutido com mais profundidade na Unidade de Estudo 9, mas vale a pena demonstrar, neste contexto, que o educador em turismo e hospitalidade tem uma oportunidade ideal para desenvolver as habilidades críticas e analíticas, que estão sendo cada vez mais consideradas pela indústria como essenciais aos formandos. Como educador, você deve estar consciente das inúmeras técnicas como simpósios, visitas aos locais e trabalho de campo e, se possível, tentar incorporar tais elementos ao seu curso.

A seleção do método de avaliação mais apropriado é essencial para assegurar que os objetivos predeterminados do exercício serão alcançados. Porém, não queremos dizer com isto que os objetivos determinam a avaliação; ao contrário, o relacionamento bilateral de objetivos e avaliação coexistem e resulta em influência mútua.

É importante enfatizar que associar avaliação a objetivos implica em afirmar que o único propósito da avaliação é o de julgar alunos. Sem discussão, isso será um dos propósitos, mas nunca deve ser o único.

Além da avaliação dos alunos, os seus processos também devem ser associados a metas relevantes, como por exemplo, o que uma instituição, curso ou ensinamento está tentando alcançar. Revendo o modelo de *Manwaring e Elton* (ver Fig. 4.5), pode-se compreender o relacionamento entre avaliação e os outros três elementos – conteúdo, métodos e objetivos – e a maneira pela qual as metas exercem uma influência que ultrapassa todos.

Avaliação associada a metas

Rowntree (1982) explica algumas das noções implícitas incorporadas ao formato educacional sobre avaliação. Enquanto lê, lembre-se que ela é apresentada aos alunos como uma mudança nas percepções de avaliação que pode lhes trazer benefícios.

4.5.15 Resumo

Então, como se pode ver, o relacionamento entre os quatro elementos centrais do modelo de *Manwaring e Elton* é complexo e caracterizado por influência mútua e inter-relacionamento. Desenvolver um currículo ou um curso é uma atividade bastante complexa e essencial; você, como um planejador de curso em potencial, deve estar consciente de que o impacto das decisões sobre um elemento e não outro é que constituirá o modelo.

Para educadores em turismo, a apresentação da matéria numa instituição pode incentivar problemas adicionais nesse contexto. Onde o turismo foi ligado a um curso já existente ou a uma disciplina estabelecida, educadores em turismo podem ser incapazes de exercer influência suficiente em tais assuntos. Onde o turismo é apresentado como uma matéria independente, considerações políticas podem ainda restringir a influência de educadores em turismo nos quatro elementos centrais do modelo: objetivos, métodos, conteúdo e avaliação.

Influências mútuas de objetivos, conteúdo de método, avaliação

4.5.16 Avaliação de Currículo

O propósito da avaliação de currículo, falando amplamente, tem duas faces: algumas vezes, para tomar decisões que influenciam a prática e outras, para adicionar algo ao conhecimento total.

Avaliação

Reveja a Figura 4.5 e examine o modelo de *Manwaring e Elton*. Como se pode ver, a avaliação envolve os quatro elementos centrais do planejamento do curso (objetivos, métodos, conteúdo e avaliação). Também exerce influência nas suas metas, como indicado pela flecha unidirecional no diagrama.

Processo

Isso parece sugerir que currículo e planejamento do curso como um processo são incompletos, sem procedimentos incorporados para coletar e processar informações e tomar decisões em relação a:

- Refletir ou não as metas dos professores, do curso, da instituição e assim por diante;
- alcançar ou não os objetivos citados do curso, programa e departamento;
- relacionar ou não objetivos, conteúdo, método e avaliação; e
- lidar ou não de forma satisfatória com barreiras impostas – externas ou internas.

Avaliação somática ou formativa

Existem dois tipos principais de avaliação que podem ser usados e que precisamos identificar e discutir rapidamente: avaliação formativa e somática.

De acordo com *Scriven* (1967), avaliação formativa ocorre quando a informação é processada para que se tomem decisões que resultem no aprimoramento do curso. Avaliação somática ocorre quando a informação é processada para que se tomem decisões em relação ao julgamento da qualidade do curso, como por exemplo, quando um grupo de profissionais externos faz uma avaliação.

Ambas as avaliações, somática ou formativa, obviamente têm implicações no tempo e recursos. Conseqüentemente, muitas organizações usam métodos baratos para avaliar os cursos, incluindo trabalhos de alunos (notas e conteúdo), observação e discussão informal.

4.5.17 Impedimentos

Para concluirmos a seção de Abordagem do Conteúdo curricular e "design" do curso, devemos abranger os impedimentos incorporados por *Manwaring e Elton* ao seu modelo. Referindo-se à Figura 4.5, você pode ver que os principais impedimentos foram identificados como recursos, custo, atitudes e política. Para os educadores em turismo e hospitalidade, tudo isso pode exercer uma influência maior ou menor, dependendo da maneira pela qual turismo e hospitalidade são gerenciados na instituição.

Caso, por exemplo, o turismo seja usado para ilustrar uma disciplina tradicional, não é incomum que ele seja ensinado por um professor não graduado em turismo e com pouca experiência. Isso vai fortalecer a atuação do educador, limitando conteúdo e matéria abrangidos, a profundidade considerada e a abordagem adotada.

Área dependente

O turismo assim apresentado, pouco mais que uma matéria suplementar, pode resultar em atitudes desfavoráveis de outros membros da instituição, outros departamentos e do corpo docente. Por outro lado, a implementação do turismo como uma área de estudo independente, com recursos e suporte político declarado daqueles em posição de poder e influência, provavelmente criará atitudes muito mais positivas dentro da instituição que favorecerão a sua criação.

Área independente

4.5.18 Para Pensar

A forma de abordar o Conteúdo, analisada e avaliada em alguns detalhes, reflete, como era de se esperar, uma ênfase do curso. Esta é a abordagem mais tradicional e menos flexível feita pelo educador, mas direcionada ao conhecimento.

Abordagem de processo e conteúdo coincidem em quase todos os sistemas

Por outro lado, temos a Abordagem de Processo, que será agora examinada. Essa abordagem reflete o movimento em direção a um sistema de educação menos rígido em todos os níveis, mais individualizado e voltado ao aluno.

Na prática, quase todos os sistemas estão situados em algum lugar entre os dois extremos, com características próprias de Abordagem de Conteúdo e de Abordagem de Processo.

4.6 Abordagem de Processo

Antes de prosseguir, você deve, inicialmente, rever a página 64, onde encontrará um pequeno resumo de *Knowles* (1984), que mostra as principais características da Abordagem de Processo.

Leia o resumo cuidadosamente para relembrar e considerar as características principais, relacionando-os com um curso que lhe seja familiar, para que entenda e aprecie totalmente a natureza da abordagem e suas principais vantagens e desvantagens.

4.6.1 Integração de Currículo

O ambiente de estudo

Um dos principais benefícios da Abordagem de Processo é a contribuição para o desenvolvimento e compreensão do ambiente em que o participante do aprendizado realmente aprende e alimenta esse conhecimento no retorno ao processo de "design" de curso e currículo, assegurando que as necessidades dos alunos serão alcançadas. Então, por exemplo, este texto foi composto para ir ao encontro de suas necessidades: você pode estudá-lo quando tiver tempo, é autocontido e planejado para ser totalmente aplicável a uma situação com a qual você possa se identificar.

Nos últimos anos, a integração de currículo, vertical e horizontalmente, tem-se tornado mais importante especialmente no contexto dos últimos acontecimentos em nível nacional, especificamente devido à introdução de um currículo próprio.

Você já pode ser conhecedor dos conceitos de integração horizontal e articulação vertical, freqüentemente usados em discussões relacionadas à Abordagem de Processo em "design" de currículo. É essencial que você entenda esses conceitos, já que eles são, efetivamente, o "x" da Abordagem de Processo e, para tal fim, pretendemos explorá-los em detalhes.

4.6.2 Integração Horizontal

Influência sobre o aprendiz

Refere-se a fatores que afetam e influenciam o entendimento de um aluno durante o processo de aprendizado. Esses fatores podem incluir a vida doméstica do aluno, sua comunidade, experiência de trabalho, experiência social e sociedade em geral. Resumindo, qualquer coisa que esteja acontecendo no momento na vida do aluno e que afete seu desempenho, atitude e habilidade em um contexto educacional. Para você, os fatores-chave são, provavelmente, as responsabilidades profissionais e a vida familiar.

Todos os fatores acima influenciarão o aluno de uma maneira ou de outra, consciente ou inconscientemente, implícita ou explicitamente. Em suma, a integração horizontal preocupa-se com qualquer influência sobre o aprendiz, ao mesmo tempo em que o aprendizado está ocorrendo. Para seus alunos que, caracteristicamente, progrediram pela via educacional tradicional, as influências horizontais são, provavelmente, similares dentro do grupo (apesar de que isso não signifique que todos os alunos reagirão da mesma maneira ou responderão *em massa*).

4.6.3 Articulação Vertical

Refere-se à coordenação de níveis educacionais diversos que une as experiências escolares de currículo formal do aluno com as pré ou pós-educacionais compulsórias. Aqui, questões como as de continuidade e desenvolvimento de experiências educacionais são fatores muito importantes. Por exemplo, para aqueles envolvidos em educação em turismo, o levantamento da experiência na área e em relação a um aluno que está tendo seu primeiro contato com o turismo e os impactos que isso provoca podem levar o aluno a um entendimento muito mais completo das questões.

O processo de aprendizado através do tempo

Então, a articulação vertical está preocupada com o processo de aprendizado através do tempo e como ele é afetado e conectado: por exemplo, experiências passadas, as atuais e possivelmente as futuras em relação à continuidade do aprendizado têm um valor bastante significativo.

A articulação vertical talvez seja uma questão maior em um nível de educação contínua, onde os alunos possuem experiências ricas e diferentes e suas visões do mundo ou da vida irão, então, contrastar em demasia. Porém, mesmo em níveis mais convencionais de educação, a visão do mundo de um aluno é individual, imprevisível e sofre influências de seu desenvolvimento.

Articulação vertical e integração horizontal afetam o aprendiz e sua abordagem em relação ao currículo. Existe um reconhecimento dentro deste contexto, em que os alunos captam seus entendimentos do ambiente (horizontal) de ensino total, com experiências passadas e aspirações futuras (vertical). O aprendiz individual permanece no centro do modelo do processo e os elementos circundantes são negociados e armazenados tendo isto em vista.

O indivíduo no centro do modelo do processo

O conceito de integração holística é o que a Abordagem de Processo está procurando alcançar. É muito importante que as necessidades dinâmicas dos alunos sejam integradas na totalidade da experiência do aprendizado.

Integração holística

4.7 Modelos de Integração Horizontal e Articulação Vertical

4.7.1 Integração Horizontal

Skager e Dave (1977) sugerem que a integração horizontal é uma função de todas as instituições sociais que tenham um papel educacional, especialmente

Integração de instituições

escolas, faculdades e universidades. Então, alegam que o planejamento dos currículos educacionais deveria levar em consideração tal critério como integração entre lar e comunidade, atividades culturais e os meios de comunicação de massa.

Interface das matérias

A integração horizontal também deve considerar as interfaces entre as matérias de estudo, matérias dos currículos e atividades extracurriculares e aprendizes com características étnicas, físicas, intelectuais, religiosas e sociais diferentes. Obviamente, a apresentação do turismo no currículo é um importante fator, como por exemplo, quando está ligado a uma outra disciplina ou é estudado como uma entidade à parte?

Pontes interiores da instituição

O artigo de *Skager e Dave* (1977) sobre Avaliação de Currículo para a Educação Continuada tenta ilustrar a maneira pela qual o aprendiz é habilitado, por meio do currículo, a fazer pontes entre matérias, disciplinas, habilidades e interesses internos da instituição e da comunidade em geral. Mais uma vez, a maneira como o turismo é apresentado e as pontes que ele mantêm com outras matérias e disciplinas podem influenciar o grau de integração e consistência a ser alcançado por todo o currículo.

A representação pictórica de *Skager e Dave* sobre considerações de integração horizontal está resumida na Figura 4.7.

4.7.2 Articulação Vertical

Integração em diferentes níveis de ensino

Skager e Dave (1977) definem a articulação vertical como sendo a integração de diferentes níveis de ensino, entre currículos de escolas pré e pós-educacionais, treinamento e aprendizado. Aqui, questões como interesse e experiências, continuidade e transferência gradual, preocupação com carreiras futuras, formas diferentes de educação superior pós-educacionais são consideradas dentro do seu modelo.

Turismo integrado ao currículo

O estudo de turismo (e também de hospitalidade) está se espalhando gradativamente através do currículo: o turismo está, atualmente, sendo oferecido a crianças em várias escolas. É importante, então, que seja integrado totalmente ao currículo e que a continuidade e progressão que caracterizam outras matérias e disciplinas sejam ativamente buscadas por aqueles envolvidos em educação em turismo, em todos os níveis.

Na Figura 4.8, você encontrará uma representação pictórica do artigo de *Skager e Dave,* que ilustra a maneira pela qual eles sugerem que o aprendiz é provido pelo currículo que o liga, através do tempo, a experiências anteriores e ao aprendizado futuro.

Os estudantes podem ter uma experiência na área, como turista, antes mesmo de pensar em estudá-lo. Porém, quando eles iniciam o estudo de turismo, podem conectar novos significados às próprias experiências e, certamente, no contexto de experiências futuras no setor, as suas consciências terão sido abertas e eles começarão a ver suas atividades e experimentos com novos olhos.

4.7.3 Inter-relações entre Integração Horizontal e Articulação Vertical

Como você pode ver na Figura 4.9, *Hobrough* amalgamou integração horizontal e articulação vertical, para produzir um modelo que sumariza sua abordagem.

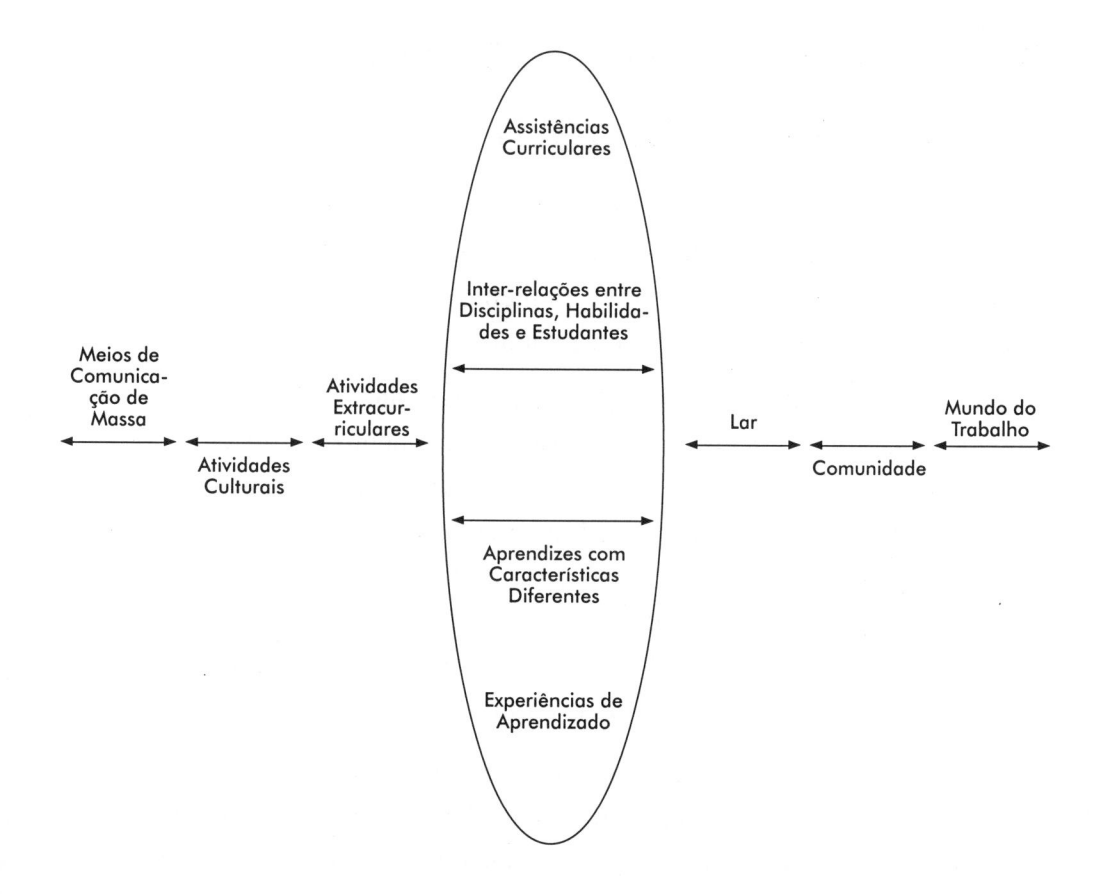

Figura 4.7 – Reproduzida de Skager, R. e Dave R.H., Avaliação de Currículo para Educação Continuada, 1977, com permissão de Elsevier Science Ltd, The Boulevard, Langfod Lane, Kidlington, OX5 1GB, UK.

Você pode considerar útil estudar este diagrama detalhadamente e talvez anotar alguns pontos relevantes, associados ao turismo e hospitalidade, em qualquer interseção oferecida. Por exemplo, se você fosse observar a inter-relação entre habilidade e disciplina que aparece no diagrama dentro da esfera de integração horizontal, deveria ser capaz de identificar as questões pertinentes ao contexto turismo/hospitalidade.

Um aprendiz individual pode ser visto como estando na interseção dos dois eixos e o aprendizado individual será influenciado por ambas as integrações no plano horizontal, relacionando-se ao ambiente do aprendizado, à experiência passada e à antecipação do futuro.

Ligações apropriadas e modelos de aprendizado

Um currículo integrado deve, então, levar essas questões em consideração, para garantir que o "design" do currículo interligue as influências identificadas, fazendo ligações apropriadas, encontrando modelos de aprendizado e sintetizando-os para o futuro.

4.8 Críticas ao Processo de Abordagem

Não apenas como abordagem de conteúdo de planejamento de currículo, a abordagem do processo é um sistema muito mais flexível e aberto, que enfatiza a escolha do estudante como seu elemento central. Porém, isto inevitavelmente leva a problemas, sendo os principais:

A necessidade de um corpo docente maior

- Aqui existe uma grande incerteza quanto ao que será requerido dos estudantes, especialmente em relação ao planejamento de currículo. Isso terá muitas implicações de recursos: por exemplo, será necessário um corpo docente maior, para que se dedique mais ao estudante, assegurando que suas necessidades, em relação à estrutura de curso e direção dos estudos, estão sendo alcançadas. Pode também significar que um corpo docente maior seja necessário para ir ao encontro de um espectro mais amplo de necessidades diversas e imprevisíveis dos estudantes.

Dificuldade de aplicação

- Embora a Abordagem de Processo tenha experimentado um grande crescimento em sua disseminação, sendo adotada em todos os níveis do ensino superior e de especialização, é ainda um processo de difícil aplicação. Este problema é reforçado por reformulações no sistema de educação como a padronização de currículo que, na realidade, é um passo na direção oposta à padronização do ensinamento, para facilitar os sistemas de medida de qualidade.

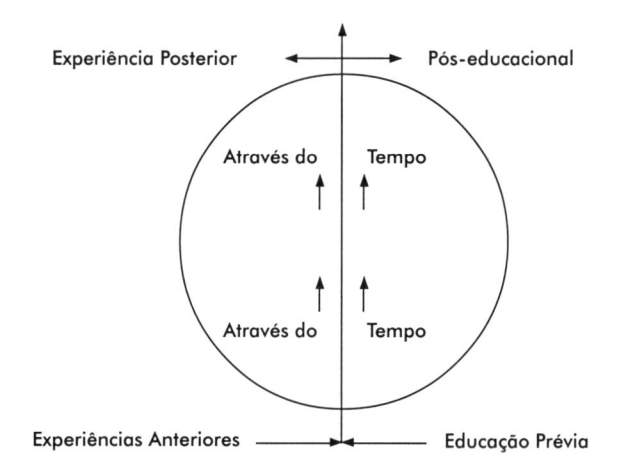

Figura 4.8 – Reproduzida de Skager, R. e David R.H., Avaliação de Currículo para Educação Continuada, 1977, com permissão de Elsevier Science Ltd, The Boulevard, Langfod Lane, Kidlington, OX5 1GB, UK.

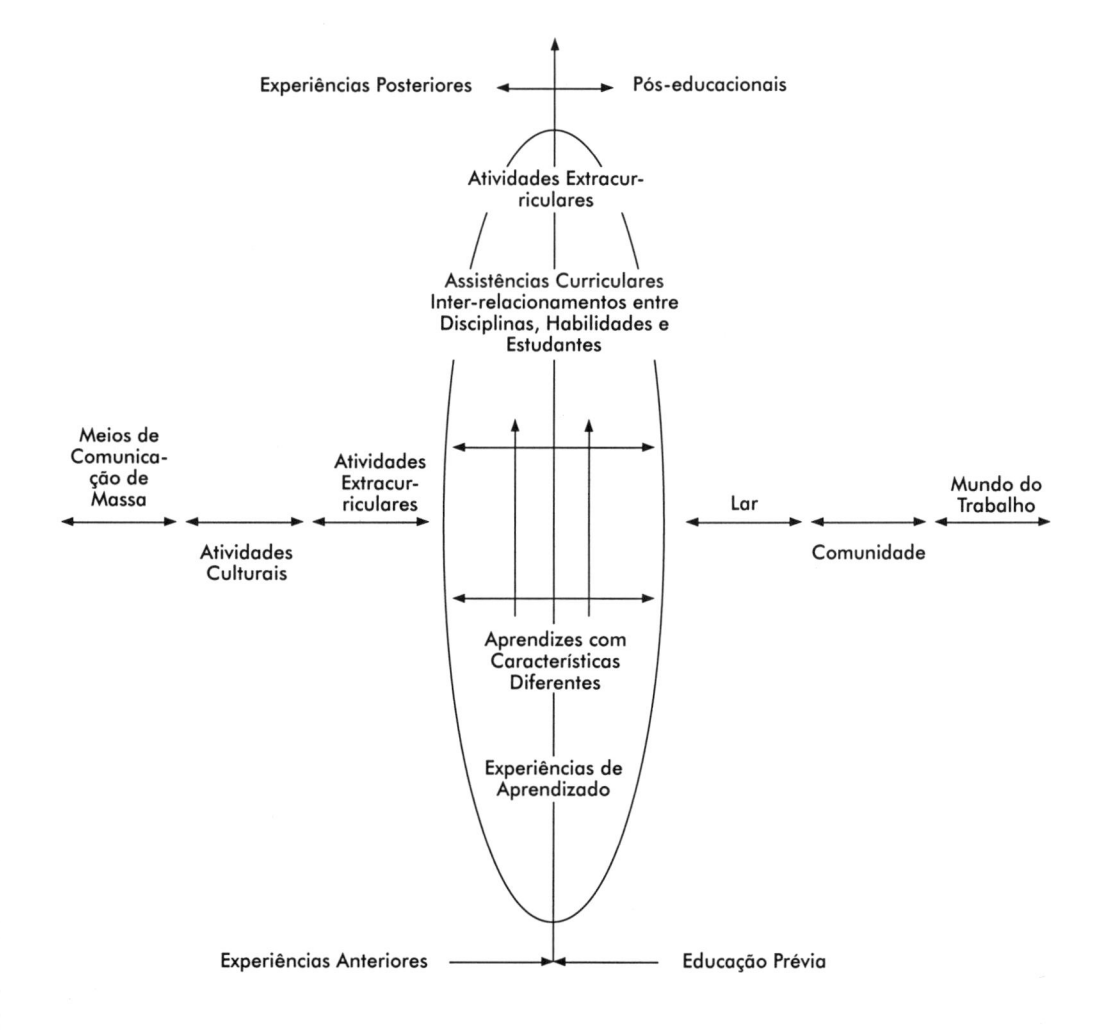

Figura 4.9 – (Fonte: Hobrough.)

4.8.1 Resumo

Interativo

A abordagem de processo é muito mais interativa, pois o aprendiz mantém a centralidade e o currículo oferece mais flexibilidade para atingir suas necessidades individuais.

Como já enfatizamos, um exemplo puro de Abordagem de Processo é muito difícil de ser encontrado e quase todos os sistemas de "design" de curso e currículo incorporam ambas as abordagens: Processo e Conteúdo.

4.9 Para Pensar

Em geral, o processo de "design" de curso e currículo, como talvez você já tenha experimentado, não é simples. Na realidade, não existe um modelo que pode ser universalmente aplicado e, na prática, ele é, questionavelmente, uma combinação de todos os modelos discutidos nesta Unidade de Estudo.

Teoria ou prática?

Freqüentemente, é impossível saber se a prática do "design" de currículo em uma instituição foi derivada da teoria ou vice-versa. Argumentaríamos que onde o aprendiz é o centro (isto é, quando estamos falando sobre Abordagem de Processo para o desenvolvimento do curso), a prática pode ser derivada da teoria, enquanto na Abordagem do Conteúdo predomina a teoria sobre a prática.

Porém, não existem regras certas direcionando o debate. Se olhar para sua própria instituição, provavelmente encontrará a abordagem ao "design" de curso e currículo entre dois extremos, pois a teoria e a prática são freqüentemente tão interligadas que é impossível apontar, na verdade, qual veio primeiro.

Unidade de Estudo 5

"Design" de Currículo e Curso para Educadores em Turismo e Hospitalidade

5.1 Introdução

5.2 Por que Estudar Turismo e Hospitalidade?
5.2.1 Primeira Razão: Turismo como Atividade de Comércio
5.2.2 Segunda Razão: Turismo como um Importante Empregador
5.2.3 Terceira Razão: Turismo como Suporte Econômico
5.2.4 Quarta Razão: Profissionalismo e Educação em Turismo
5.2.5 Quinta Razão: Impactos do Turismo
5.2.6 Visão Geral

5.3 Contexto de Educação em Turismo

5.4 Abordagens de Educação em Turismo/Provisões Atuais
5.4.1 Primeira Abordagem: Estudo de Turismo Propriamente Dito
5.4.2 Segunda Abordagem: Turismo como Aplicação
5.4.3 Terceira Abordagem: Treinamento Vocacional para o Turismo

5.5 Abordagens de Educação em Hospitalidade/Provisões Atuais
5.5.1 Visão Geral

5.6 Padronização dos Currículos: Desafio para a Educação em Turismo e Hospitalidade
5.6.1 Padronização dos Currículos

5.7 Para Pensar

5. "Design" de Currículo e Curso para Educadores em Turismo e Hospitalidade

5.1 Introdução

Na última unidade de estudo, vimos com alguns detalhes a teoria que determina o processo de "design" de currículo e curso. Alguns de vocês já tiveram experiência prática nesse processo e poderão, então, se identificar com algumas questões e problemas. Para aqueles que ainda não tiveram tal experiência, seria interessante ler um pouco mais sobre o assunto e adquirir maiores conhecimentos sobre abordagem teórica.

O propósito da Unidade de Estudo 5 é passar da teoria geral para uma abordagem mais específica, que trata desse processo em relação aos estudos de hospitalidade e turismo.

Abordagem científica

Algumas leituras serão sugeridas, para sua consideração, além das atividades do aprendiz. Seria interessante que você reservasse um tempo para ambas

Identificar e pensar nas questões

as atividades, já que são programadas para ajudar a integrar a teoria e a prática enquanto, simultaneamente, incentivam a identificação e considerações sobre as questões.

Turismo e hospitalidade

Você deve notar que enquanto a maior parte da Unidade de Estudo 5 se refere diretamente ao turismo, os pontos dados se relacionam também à hospitalidade. Desde que a maioria das atividades de hospitalidade (excluindo, por exemplo, contrato de buffet) é determinada a preencher as necessidades da indústria de turismo, fixamos que os propósitos desta seção e seus termos sejam interligados. Porém, a hospitalidade será revista em maiores detalhes na Unidade de Estudo, quando tipo, natureza, nível de provisões atuais e influências que isso acarreta na apresentação de hospitalidade no currículo forem considerados.

5.2 Por que Estudar Turismo e Hospitalidade?

Antes de começar a implementar o processo de "design" de curso, há várias questões que precisam ser apresentadas.

Talvez a primeira, e mais importante, seja qual a finalidade do "design" de um currículo, para estudar turismo e hospitalidade? Para desenvolver um currículo que seja apropriado e atinja as necessidades abordadas (sejam lá quais forem), é essencial que metas e objetivos do curso sejam claros e definidos, precisamente, antes do processo ter seu início.

Metas claras

Então, se você está lecionando turismo e hospitalidade ou está planejando introduzir uma nova opção ou curso de turismo e hospitalidade, é imperativo que esteja bem claro em sua mente o que acha que o desenvolvimento e a introdução do curso devem atingir.

As próximas páginas deste módulo são dedicadas a verificar algumas razões gerais que podem ter influenciado sua decisão de planejar um curso de turismo. Enquanto elas são bastante gerais, provavelmente serão aplicadas, aos poucos, às suas circunstâncias pessoais, mesmo que você esteja envolvido, predominantemente, com educação em hospitalidade.

Você deve notar que os critérios enfatizam o turismo e não a hospitalidade mas, na realidade, como a indústria da hospitalidade, por definição, é um elemento da indústria de turismo, a aplicação é, efetivamente, universal.

5.2.1 Primeira Razão: Turismo como Atividade de Comércio

Turismo é uma atividade muito importante (e freqüentemente desvalorizada) em termos de comércio mundial. Tem um efeito positivo muito importante no balanço de pagamentos em muitos países e gera movimento internacional de material, trabalho e riqueza.

Balanço de pagamentos/ movimento de material, trabalho e riqueza

Porém, os problemas em identificar o setor de turismo, discutidos na Unidade de Estudo 1 (Visão Geral), têm importantes implicações nesse contexto: se o setor de turismo não pode ser definido, como que pode ser medido? Mesmo que tentativas sejam feitas para medi-lo, podemos estar certos da precisão das tentativas? Considerando que a Organização Mundial de Turismo estimou que, em meados da década de 90, houve mais que 500 mil desembarques de turistas internacionais em todo o mundo, começamos a entender a intensidade dos números com os quais estamos lidando. Você certamente concluirá, indo um pouco mais longe, que a margem de erro também é grande, quando estamos lidando com tais tipos de número.

Como medir o turismo?

A coleta de dados sem precisão e interpretações inconsistentes podem ser instrumentais ao levantar dúvidas sobre o resultado de números tão altos mas, mesmo assim, há a convicção entre os envolvidos com turismo (na indústria e educação) de que ele seja um dos maiores contribuintes da prosperidade econômica de muitos países. Porém, sem poder medir sua contribuição, é impossível acessar com precisão o seu valor atual e isso pode ser uma boa razão para a importância econômica do turismo não ser totalmente percebida em nível governamental.

O maior contribuinte da prosperidade econômica

Na Unidade de Estudo 6, abordaremos o papel da pesquisa. Será dada uma atenção particular aos modos pelos quais o desenvolvimento de técnicas padronizadas de pesquisa, que têm como consideração a natureza única e os problemas individuais do turismo, podem ser usadas para resolver alguns dos problemas relativos à definição, medidas e comparação que o setor de turismo vem atravessando atualmente.

Pesquisa

5.2.2 Segunda Razão: Turismo como um Importante Empregador

O turismo é uma importante indústria em termos de números de empregos gerados. O WTTT, por exemplo, estima que o turismo direta e indiretamente gera e sustenta 180 milhões de empregos em todo o mundo, representando 10% da força de trabalho mundial. A indústria do turismo, em sua totalidade, incorpora alguns dos setores de trabalho mais intensos e dependentes incluindo:

Setores de trabalho
- Acomodações e restaurantes
- Transportes e entregadores
- Atrações
- Associações de Turismo e Organizações Nacionais de Turismo

Economia negra

Enquanto muitos dos empregos, nos vários setores que constituem a indústria do turismo, são legítimos e registrados, o setor ainda passa por um problema de imagem associada à economia negra. Muitas pessoas trabalham apenas meio-período, são sazonais e não têm registro profissional, não recolhendo, portanto, impostos e contribuições, tampouco constando de qualquer estatística governamental.

Contribuição à economia justifica a importância da educação em turismo

Como resultado, a dependência real da economia no setor de turismo não pode ser medida e sua importância no tocante a emprego não pode ser estabelecida erroneamente. Mesmo assim, a contribuição é significante e até justifica a importância do desenvolvimento da educação e treinamento em turismo de maneira profissional.

5.2.3 Terceira Razão: Turismo como Suporte Econômico

Países com poucos recursos

O turismo é economicamente muito importante em partes do mundo que têm poucos ou nenhum recurso de geração de riqueza, como as fontes naturais. Particularmente, estamos falando de países em área rurais remotas e outras que podem parecer periféricas para a economia mundial: zonas montanhosas, regiões tropicais e locais que sofrem nas mãos de forças econômicas fora de seu controle, como por exemplo, o centro das cidades.

Problemas únicos de países em desenvolvimento

Existem várias questões que serão abordadas em relação ao avanço do turismo em países em desenvolvimento e com problemas únicos que devem ser considerados e discutidos neste contexto. Então, enquanto o desenvolvimento de uma força profissional de turismo em nível de gerência e em outros níveis é essencial para essas situações, é importante que seja dada uma visão direcionada a seus problemas únicos.

5.2.4 Quarta Razão: Profissionalismo e Educação em Turismo

Enquanto a definição e a abrangência da indústria do turismo são repletas de problemas, é possível observar sua grande importância econômica, como fonte geradora de renda. O ganha-pão de muitos milhões de empregados e empregadores é o turismo.

Para assegurar que a indústria do turismo está em posição de atrair turistas e satifazer as demandas de maneira profissional e completa, é absolutamente essencial que a educação em turismo e hospitalidade seja de alto nível.

Alto padrão de educação, para satisfazer a demanda

Empregadores e gerentes devem ter conhecimento e habilidade para planejar estrategicamente os roteiros e estadias, enquanto os empregados devem possuir habilidades suficientes para satisfazer, em vários níveis, as necessidades dos turistas.

Planejamento estratégico

Habilidades

Para que isso possa ser alcançado, é essencial que o treinamento e a educação em turismo não estejam apenas disponíveis, mas também reflitam a abordagem de qualidade, que satisfaça as necessidades da indústria. Agora você deve estar em boa posição para desenvolver cursos e currículos que incentivem o profissionalismo e desenvolvam a qualidade, na perspectiva de assegurar que a indústria do turismo e hospitalidade seja beneficiada com seus conhecimentos e ensinamentos.

Disponibilidade

Abordagem de qualidade

5.2.5 Quinta Razão: Impactos do Turismo

O turismo provoca impacto em todos os níveis da economia, ao meio ambiente, à sociedade e à cultura. Por essa razão, precisamos entender completamente a natureza de sua atividade e a maneira pela qual as dinâmicas da atividade influenciam as sociedades anfitriãs e geradoras.

Em adição os impactos negativos do turismo em termos sociais, ambientais e culturais tornam-se evidentes. É essencial que educadores e pesquisadores em turismo estejam preparados para investigar essas implicações e retornar suas descobertas à indústria, para assegurar que os impactos positivos do turismo sejam maximizados e, os negativos, minimizados.

Minimizar impactos negativos, maximizar impactos positivos

5.2.6 Visão Geral

Identificamos várias razões-chave que ajudam a explicar por que você, como educador, pode estar pensando em desenvolver, introduzir ou atualizar um currículo de turismo/hospitalidade ou já tenha decidido fazê-lo. Talvez existam outras razões, não citadas aqui, como pressão política para aumentar o número de estudantes e formandos em educação superior, ou apenas o aumento do reconhecimento em círculos governamentais do valor econômico e potencial de turismo e hospitalidade.

Por que desenvolver, introduzir ou atualizar um currículo?

Existem, provavelmente, razões mais específicas que podem contar em um nível mais pessoal para sua decisão de introduzir turismo/hospitalidade no repertório acadêmico de sua instituição ou modificar o produto turismo/hos-

Pressão política

Reconhecimento de valor

pitalidade já oferecido. Essas razões poderiam ser rebaixadas pela pressão política operando em nossas organizações, considerações e recursos/incentivos financeiros ou a disponibilidade de um novo recurso, como educador com conhecimento e experiência em turismo e hospitalidade.

Identificar o porquê ensinar turismo e hospitalidade como parte de um portfolio de atividades de uma instituição é uma coisa; outra é realmente planejar, modificar ou atualizar um currículo. Como era de se esperar, uma nova série de problemas aparece, quando foi tomada a decisão de oferecer turismo/hospitalidade como opção ou curso e as dificuldades devem ser avaliadas.

Dentro da estrutura existente

Maneira de apresentar o turismo

Tais questões relatam a maneira pela qual o turismo é apresentado no contexto de uma estrutura de cursos já existente. É colocado como opção ou adjunto? É introduzido como um curso totalmente novo? É usado para suplementar ou apoiar outras disciplinas? Você poderá enfrentar estas e outras questões; as respostas para elas determinarão como você desenvolverá ou modificará seu currículo e como o turismo é visto interna e externamente.

As respostas das questões introdutórias que predeterminam o planejamento do curso e o tipo de extensão que atingem serão estudadas com profundidade. As questões relativas a uma boa visão geral sobre os questionamentos de turismo serão demonstradas na próxima seção. Quando forem vistas questões específicas sobre a perspectiva dos maiores questionamentos de apresentação de turismo no currículo acadêmico, haverá uma clara identificação delas.

Reconhecimento mais amplo de cursos de hospitalidade

As questões relacionadas à apresentação de hospitalidade no currículo são um pouco diferentes: o curso de hospitalidade já existe em sentido acadêmico há muito mais tempo que o de turismo e, como conseqüência, cursos orientados à hospitalidade em níveis superiores já receberam aceitação e reconhecimento. Como resultado, enquanto as páginas seguintes citam turismo e, em menor freqüência, a hospitalidade, as questões são ainda relevantes às duas e uma pequena seção será dedicada especificamente à abordagem de educação em hospitalidade a seguir, nesta Unidade de Estudo.

5.3 Contexto de Educação em Turismo

Necessidade de uma abordagem consistente e reconhecida

Apesar de a educação em turismo ter evoluído de maneira não planejada e apresentada de várias formas no currículo (isso será visto com mais detalhes), parece estar havendo maior ênfase em desenvolver uma abordagem consistente e reconhecida para o turismo em níveis nacionais e internacionais.

Como introdução à área, o artigo de *Ritchie* fornece boa visão geral dos problemas e do desafio que os educadores em turismo estão enfrentando e algumas idéias iniciais e instrumentos para assegurar que educadores serão capazes de vencer o desafio.

Ritchie identifica as questões-chave enfrentadas pelos educadores em turismo na Parte I de seu artigo e discute com alguns detalhes certas considerações, já citadas neste módulo. Também examina uma série de outras questões que considera significante. Elas são examinadas de forma abrangente e baseiam-se na sua experiência, obtida na Universidade de Calgary.

Questões-chave

Na Parte II de seu artigo há uma revisão de algumas das abordagens mais comuns em ensino de turismo e métodos específicos, que são mais populares aos educadores da área. *Ritchie* conclui com uma breve (e controversa) observação sobre os investimentos em turismo e sugere que os educadores do setor têm um importante papel no sentido de elevar o perfil e o profissionalismo do turismo, para influenciar as decisões governamentais quanto a recursos.

Abordagens mais comuns

Investimentos

Tendo examinado o longo artigo, você deve ter uma boa visão geral do contexto no qual o turismo pode e deve ser ensinado. Agora examinaremos mais especificamente a maneira pela qual o turismo é, por via de regra, ensinado e os problemas e questões que as abordagens de ensino de turismo trazem à tona.

5.4 Abordagens de Educação em Turismo/Provisões Atuais

A Unidade de Estudo 2 introduz a Evolução dos Estudos de Turismo e examina a maneira pela qual a matéria evoluiu. Para relembrá-la, é possível separar os desenvolvimentos díspares em três abordagens:

Abordagens

- Primeiramente, e ainda a mais comum, é a visão puramente vocacional do turismo e treinamento em que o estudante é educado para assumir uma posição na indústria do turismo.

  Vocacional

- Em segundo lugar, existe uma variedade de cursos com visão de turismo como atividade estudantil válida.

- Finalmente, existem vários cursos que usam o turismo para enriquecer e exemplificar matérias ou disciplinas tradicionais.

  Enriquecimento

O desenvolvimento da educação em turismo não teve controle e isso, unido à natureza multi e interdisciplinar dos estudos da área, pouco fazem para encorajar uma abordagem coerente e integrada, apesar dos movimentos nacionais e internacionais em prol da padronização.

5.4.1 Primeira Abordagem: Estudo de Turismo Propriamente Dito

Atividade válida por si mesma

A abordagem reflete a visão de que o turismo é um campo de estudo interessante e tem valor no envolvimento acadêmico por si mesmo. Nessa visão, existem escolhas diferentes em termos de abordagem e enfoque. É dada mais liberdade aos educadores, para escolherem a ênfase adequada aos seus próprios currículos.

Tipicamente, tal abordagem é interdisciplinar por natureza e pode trazer outras disciplinas relacionadas como geografia e economia, enquanto retêm o turismo como essência do enfoque.

McIntosh e *Walther* (1981) demonstram a maneira pela qual um currículo pode desenvolver o turismo como uma interessante área de estudo, valiosa como atividade acadêmica e parte do desenvolvimento do currículo de qualidade. O artigo detalha os tipos de áreas que podem ser apropriadas para estudo. Em curso de nível universitário, você pode ter exemplos de outros cursos e currículos que enfocam o turismo e desenvolvem o tema ao redor da essência da área.

Atividade do Aprendiz

Abordagem holística

A abordagem holística do ensino de turismo, como qualquer outra, tem seus pontos positivos e negativos. Estas são agora identificadas mas, antes de lê-las, pondere por alguns minutos quais são os prós e contras dessa abordagem. Depois de ter feito uma lista continue com o texto apresentado.

Vantagens dessa Abordagem para o Turismo

Perspectiva mais ampla

- Esse tipo de abordagem apresenta o turismo como uma matéria academicamente interessante, com o objetivo principal de ampliar a perspectiva do estudante. A natureza complexa do turismo é ilustrada e os inter-relacionamentos comuns com outras disciplinas e matérias também são apresentados para estudo.

- Além do mais, o foco no turismo é central para a abordagem e isso pode ter implicações em termos de possíveis oportunidades que geram pesquisa primária em áreas específicas de turismo.

Desvantagens

- Você pode estar imaginando que o turismo, como área de estudo, tem material de qualidade suficiente para sustentar os vários níveis de qualificações oferecidos em seu nome. Por exemplo, agora é possível escolher o curso de Turismo, após o diploma escolar, se tornar bacharel, pós-graduado e, finalmente, um PhD. Isso pode levantar questões sobre a falta de novas informações e da qualidade a ser transmitida aos estudantes e pode resultar em repetição considerável, quando o aluno progride para diferentes níveis.

- O fato de o turismo estar sendo subdividido também significa que, cada vez mais, está se especializando. Existe a proliferação de cursos como antropologia do turismo, que pode incentivar os alunos à especialização precoce, ao invés de desenvolver uma visão mais geral (e mais informativa). *Especialização*

- Esse tipo de curso tem implicações na área de emprego e pode estreitar a natureza dos empregos para os quais o estudante pode ser capaz: existe, afinal de contas, apenas um número limitado de empregos para especialistas em antropologia de turismo. A falta de aplicação vocacional pode, a longo prazo, tornar-se destrutiva para o turismo, como uma área de atividade acadêmica e para aqueles que escolhem estudá-lo.

- Finalmente, o turismo é difícil de ensinar dentro de instituições, como resultado de sua relativa imaturidade na apresentação do currículo. Por exemplo, a incerteza de onde o colocar é uma questão que necessita ser encaminhada em nível organizacional e resolvida satisfatoriamente para benefício de todos. Dando ao turismo sua total identidade, o problema poderá ser exacerbado. *Identidade do turismo*

Sumário

Em geral, essa abordagem do turismo está se tornando cada vez mais popular e as instituições estão demonstrando que os estudantes gostam de turismo e que ele tem um potencial ainda não totalmente explorado para atrair alunos, introduzindo seu estudo como um curso legítimo em sua totalidade. Por isso, existe a proliferação de diplomas específicos da área de turismo.

5.4.2 Segunda Abordagem: Turismo como Aplicação

Aplicação com disciplinas tradicionais

Esta abordagem contrasta um pouco com a primeira, desde o uso do turismo, para ilustrar a aplicação de outra disciplina; então, cursos como economia, geografia, marketing ou gerenciamento de turismo podem cair na categoria. Esta abordagem geralmente usará o turismo para ilustrar e clarear conceitos da estrutura da disciplina tradicional.

Pearce (1981), por exemplo, ilustra a maneira pela qual o turismo pode ser efetivamente ensinado de modo multidisciplinar, neste caso, com a geografia.

Meio ambiente

Você pode também estar consciente do crescimento de outra ênfase dada ao turismo e embutida nessa abordagem: turismo e meio ambiente. Tal abordagem ainda está em seu processo inicial de desenvolvimento e foi concebida como resultado de uma corrente de crescimento em direção ao ambientalismo, uma ramificação do "turismo verde". O aumento no reconhecimento dos efeitos devastadores do turismo no meio ambiente levantou consideravelmente o perfil da abordagem.

A abordagem concentra-se em conectar o turismo, como um estudo de área, com preocupações ambientais, tentando promover a aceitação do turismo e ajudando a estabelecer sua credibilidade. *Ritchie* (1992) introduz e discute muitos dos problemas confrontados pelos educadores em turismo. Particularmente, você deve se concentrar na seção intitulada "Integrando Pensamento Ambiental ao Currículo", já que esta é nossa área de interesse no momento.

Muitos educadores em turismo, que recentemente se uniram à causa, podem estar envolvidos no desenvolvimento dessa abordagem, mais do que em outras áreas tradicionais da educação em turismo. Certamente, é uma área em crescimento e parece estar pronta para dominar, por alguns anos, o debate relacionado ao tema.

Atividade do Aprendiz

Mais uma vez, você pode querer pensar, antes de ler, nas discussões das vantagens e desvantagens das questões e fazer sua própria lista.

Vantagens

- Essa abordagem do estudo de turismo aumentará o número de estudantes introduzidos na matéria e, já que os alunos parecem estar atraídos pelo estudo de turismo, isso pode fazer com que melhore a orientação do mercado das matérias mais tradicionais, que podem ser captadas de forma mais enxuta pelos alunos e educadores.

  Atraindo estudantes para o turismo

- Além do mais, os alunos relacionam-se com o estudo de turismo com muita facilidade, gerando o interesse, retendo a atenção e melhorando a concentração. Nesse contexto, o turismo também age para trazer as disciplinas mais tradicionais à vida, fornecendo exemplos contemporâneos de questões e problemas com os quais os estudantes podem se identificar.

Desvantagens

- Um dos problemas associados à abordagem é que o turismo, por via de regra, é administrado por educadores que não pertencem à área, com pouca ou nenhuma experiência. Como resultado, eles podem achar a matéria difícil de ser captada e administrada.

- O problema é ainda mais agravado pelo fato de que a educação em turismo, como a indústria de turismo, é fragmentada. É difícil integrar turismo em uma estrutura de educação: para educadores cujas especialidades estão em outros campos, a tendência de colocar o turismo em departamentos mais fáceis de ser gerenciados pode significar que a essência da matéria está totalmente deslocada.

  Fragmentação

- A outra grande desvantagem que devemos destacar é o turismo sempre ser visto como subserviente à disciplina estabelecida e, portanto, sem progressão real para ele, em termos de credibilidade e reconhecimento.

  Subserviência

5.4.3 Terceira Abordagem: Treinamento Vocacional para Turismo

Duas abordagens comuns de ensinamento de turismo já foram identificadas: a primeira enfatiza que o turismo é uma área apropriada ao estudo acadêmico e a segunda usa o turismo como um interessante exemplo de indústria, para algumas das mais tradicionais disciplinas correlatas.

Orientado para o treinamento

A terceira abordagem relaciona-se à orientação no treinamento para o ensino de turismo, que reflete uma ênfase vocacional. Vamos reconhecer essa distinção na próxima seção, quando verificarmos o conhecimento total de turismo e hospitalidade.

Os currículos para cursos vocacionais de turismo são desenvolvidos garantindo que as habilidades específicas são transmitidas aos profissionais da área. Por exemplo, se você trabalhou na indústria de turismo, deve ter participado de cursos promovidos por sua companhia, que tinham como meta o desenvolvimento de uma habilidade específica como passagens, procedimentos de reservas ou aptidões de guia. Você pode também ter tido experiências nesses tipos de curso se recebeu qualificação de orientação vocacional.

Atividade do Aprendiz

Liste, por favor, pontos bons e ruins relacionados com esse tipo de abordagem, antes de prosseguir.

Vantagens

Podem ser medidas

- Os benefícios são bastante diretos: os objetivos do curso são claros, bem-definidos e normalmente fáceis de medir. Como resultado, o currículo é também específico e predeterminado.

- Além disso, os alunos são, provavelmente, indivíduos comprometidos com o mercado de trabalho da própria indústria e conscientes dos benefícios do treinamento vocacional. Finalmente, esse tipo de curso é, quase sempre, gerenciado por profissionais com grande experiência no ramo e atualizados com as tendências da indústria.

Desvantagens

Foco estreito

- O problema com os cursos vocacionais que retêm um foco estreito é que eles não podem ser transferidos para outras indústrias ou, mesmo, outros setores da indústria de turismo. Com muita freqüência, os cursos não possuem uma visão realista da indústria e há sempre um debate considerável do que os currículos devem realmente incluir. Finalmente, em uma indústria de mudanças rápidas, os cursos devem ser flexíveis e abertos a alterações, para permanecerem atualizados.

Sumário

Você deve ter concluído que turismo, como atividade educacional, é como um barco que ainda não pode atracar em nenhum cais. Ainda há debates consideráveis sobre onde o turismo deve ser encaixado no repertório acadêmico e uma grande variedade de aspectos relativos à pesquisa de turismo e de que forma ela deve ser apresentada no currículo.

Como conseqüência, o turismo ainda não se estabeleceu completamente e, em vários momentos, continua subserviente às disciplinas tradicionais, enriquecendo-as e exemplificando-as.

Dizer, então, que a educação em turismo "nasceu" talvez seja uma afirmação exagerada. Porém, o debate que tem sido alimentado por pessoas como você sobre a identidade do turismo e seu potencial de andar pelas próprias pernas significa que, cada vez mais, o setor está ganhando a credibilidade e o reconhecimento que merece.

Credibilidade crescente

5.5 Abordagens de Educação em Hospitalidade/Provisões Atuais

Treinamento e educação para hospitalidade, como aprendemos na Unidade de Estudo 2, foram estabelecidos há muito mais tempo que o turismo e, como resultado, acumularam uma aceitação acadêmica muito maior, especialmente na educação superior no Reino Unido. Hoje, a provisão mais importante para aqueles que estão entrando ou já trabalham na indústria de turismo e hospitalidade tem sido em nível técnico no sistema de educação.

Estabelecida

Há uma estrutura complexa para qualificações vocacionais voltadas à hospitalidade em vários países (amostra será estudada, em maiores detalhes, na Unidade de Estudo 7, que trata das abordagens interculturais de turismo e hospitalidade), planejada diretamente para suprir as necessidades da indústria da hospitalidade. Com exceção da introdução de cursos graduados, a estrutura das provisões para níveis vocacionais não alterou muito desde 1960, apesar de que movimentos recentes voltados para educação e treinamento baseados em competência (discutido em maiores detalhes na Unidade de Estudo 8) começaram a influenciar a estrutura e a natureza da provisão.

Pouca mudança desde 1960

Geralmente, em nível técnico, existe um grande número de organizações que oferecem certificação. Essas entidades determinam a estrutura do curso, exigências para entrada e o currículo para suas qualificações. Elas aprovam cursos em centros reconhecidos e definem os papéis de exame, que são acessados externamente para estabelecer padrões de qualificação. Depois do curso, os alunos recebem um certificado dessas organizações.

Organizações nacionais de reconhecimento

Provisões de nível técnico também incorporam entidades nacionais de reconhecimento, que lidam com qualificações de hospitalidade Essas organizações determinam a estrutura geral dos cursos e fixam requisitos mínimos. Porém, algumas faculdades preparam o próprio currículo e exames dentro das exigências fixadas e estes são corrigidos na própria entidade e depois acessados externamente para manter o padrão. Os estudantes recebem um certificado emitido por entidade de reconhecimento nacional, junto com o da faculdade que cursa.

Enquanto tais distinções podem ser feitas em nível geral, os sistemas de educação contínua em muitos países são complexos e há várias exceções às regras. Em educação superior, currículo, exames e padrões são freqüentemente fixados pelas instituições que se auto-avaliam e, então, podem dar certificados sem que precisem ter respaldo de organizações externas. *Messenger* (1992) debate alguns desses pontos e fornece um pouco mais de informações relacionadas às funções e especializações das organizações de importância reconhecida.

Em geral, o desenvolvimento da educação em hospitalidade é um processo longo que vê seu currículo se desenvolver há muitos anos. Em nível de graduação, a evidência sugere que o conteúdo do curso é bastante similar: normalmente progredirá dos estudos técnicos, que formam a base ou fundação do curso, através de aspectos operacionais da hospitalidade, para incorporar áreas de estudo que auxiliam o estudante a desenvolver uma perspectiva mais estratégica, quando ele se aproxima do término do curso.

Combinação de estudo administrativo e técnico

Geralmente, o currículo para o diploma de curso de orientação em hospitalidade representa uma combinação de estudos de acomodação e provisão que são, normalmente, negócios inter-relacionados e estudos de gerenciamento (geralmente ensinados com uma inclinação para a hospitalidade). Os aspectos operacionais descritos durante o curso serão estudados sob uma perspectiva gerencial.

Currículo comum

Há um acordo entre algumas instituições envolvidas com educação em hospitalidade e os programas que devem ser incorporados ao currículo. Estes geralmente incluem: direito, economia, negócios, marketing, informática, estudos de comportamento, técnicas quantitativas, contabilidade, gerenciamento financeiro, relações empregatícias e gerenciamento pessoal, além de áreas mais genéricas de estudos de gerenciamento.

Além disso, as matérias mencionadas serão completadas por outros elementos "científicos", tais como ciência da alimentação.

Em geral, os relatórios identificam uma abordagem bem integrada para a educação em hospitalidade, que predomina na maioria das instituições oferecendo cursos de níveis mais altos, especialmente no final do ano, quando três ou quatro matérias são estudadas em profundidade. Essas matérias geralmente incluem gerenciamento financeiro, gerenciamento de recursos humanos, marketing e operações de gerenciamento (ou gerenciamento de provisão e acomodação).

Abordagem bem integrada

Outras opções específicas podem ser oferecidas: gerenciamento de pequenos negócios e inovação. Em algumas instituições, turismo, lazer e recreação podem ser oferecidos como complementação.

5.5.1 Visão Geral

A educação em hospitalidade tem, em contraste com o turismo, demonstrado um processo de evolução contínua desde suas origens. A provisão se desenvolveu em níveis inferiores de treinamento nos últimos 50 anos e, hoje, há uma larga margem de livros disponíveis em cursos técnicos e faculdades de educação continuada, que são criadas para fornecer aos alunos as habilidades e competências requeridas para ingresso na indústria em níveis mais baixos de gerenciamento.

Evolução contínua da educação em hospitalidade

Em 1960, os níveis de gerenciamento em hotéis foram introduzidos e, desde aquela época, os cursos proliferaram em instituições educacionais maiores. Nesse nível, um movimento gradual de estudos baseados na destreza foi experimentado por um programa de gerenciamento orientado e essas tendências parecem ter continuidade, enquanto o setor vem sendo reestruturado com muitos cursos politécnicos tornando as universidades autolegalizadas.

Introdução de níveis de gerenciamento de acomodação e provisão

A educação em hospitalidade claramente já formulou muitas questões e problemas, que estão afetando a educação em turismo. A educação em hospitalidade também passou por um período de consolidação, que resultou em maior aceitação de seu potencial acadêmico. Não se pode dizer que a batalha já foi ganha: ver Seção de Estudo 1. Há ainda muito a fazer para estabelecê-la, categoricamente, como uma disciplina agradável e com credibilidade.

Consolidação

5.6 Padronização dos Currículos: Desafio para a Educação em Turismo e Hospitalidade

Tendências futuras

Observando a história da educação e hospitalidade até a situação presente, nossa atenção se focará em seu futuro. Introduziremos e avaliaremos algumas das tendências que parecem influenciar a direção da educação em turismo e hospitalidade nacional e internacionalmente.

5.6.1 Padronização dos Currículos

O movimento internacional para a padronização dos currículos em turismo e hospitalidade já foi comentado neste módulo. Isso resultou em um número de preocupações relacionadas à provisão de treinamento e educação e a necessidade de:

Padronização

- Simplificar o confuso sistema de treinamento e educação associados à quantidade de qualificações;

- formar maior número de pessoas qualificadas (aumentar o acesso ao treinamento e educação);

- planejar uma divisão entre qualificações vocacionais e acadêmicas;

- relacionar as qualificações mais fortemente com a competência no trabalho; e

- tentar fornecer exemplos de boa prática.

Estrutura nacional para qualificações vocacionais

No Reino Unido esse processo está sob debate. Dado à grandiosidade e complexidade do problema, o governo estabeleceu uma nova organização em 1986 chamada Conselho Nacional para Qualificações Vocacionais, que ficou encarregada de desenvolver uma estrutura para qualificações vocacionais baseada em quatro níveis de competência ocupacional. Ficou estabelecido que, numa data futura, a estrutura seria estendida para incorporar maiores níveis educacionais.

Exemplo do Reino Unido

O NCVQ não é uma organização examinadora nem confirmatória, mas sim formadora de políticas que creditam as licenças de outras organizações examinando e validando os critérios estabelecidos pela NCVQ. Em termos de hospitalidade, por exemplo, a NCVQ credita qualificações oferecidas pela organização-líder da indústria – Companhia de Treinamento de Hotéis e Buffet (HCTC), e recompensando organismos como Hotel, Buffet e Associação de Gerenciamento Industrial (HCIMA), Instituto Londrino da Associação e Cidade (CGLI) e o Conselho de Negócios e Educação Técnica (BTEC).

Até esta data, a NCVQ estabeleceu uma estrutura de quatro níveis (até HND), mas atualmente pretende estender sua apreciação até os níveis de graduação e pós-graduação: em termos práticos, o desenvolvimento e a introdução de Qualificações Vocacionais Nacionais (NVQS) está atualmente encorajando a padronização de qualificações em turismo e hospitalidade em níveis de treinamento, mas em níveis educacionais mais altos ainda há muita coisa a fazer.

Harmonização européia

No contexto europeu, a iniciativa para harmonizar as estruturas educacionais e qualificações através dos Estados Unidos pode ser traçada nos idos de 1974, quando o Conselho Europeu resolveu avaliar as qualificações através da Comunidade. Uma auditoria de qualificações por cada estado-membro foi feita e o treinamento de uma nova estrutura foi estabelecido pelo Centro Europeu para o Desenvolvimento de Treinamento Vocacional (CEDEFOP).

Líderes de capacitação em treinamento e educação

A iniciativa do CEDEFOP foi desenvolvida para harmonizar as qualificações vocacionais reconhecidas em diferentes estados-membros com base nas descrições de ocupações estabelecidas. A iniciativa foi baseada no conceito de líderes de capacitação em treinamento e educação que forneceram uma tabela de qualificações para serem usadas pelos estados-membros, para uma dada atividade ocupacional e vocacional, providenciando meios efetivos de níveis de comparação em qualificação, abaixo dos níveis de graduação.

Para informação e interesse, você deve estar consciente de que as qualificações oferecidas pela União Européia em turismo e hospitalidade foram das primeiras a serem harmonizadas.

Único ato europeu

Cooper e Messenger (1991) fornecem uma boa visão geral dos desenvolvimento atual na área de competência de educação e treinamento em turismo e hospitalidade na Europa. A implicação do único ato europeu na educação e treinamento é avaliada e seus possíveis efeitos na harmonização de qualificação são também discutidos no artigo. A segunda parte do artigo descreve e analisa as novas iniciativas que enfatizam competência de educação e treinamento, como por exemplo NCVQ, CEDEFOP.

Harmonização e qualificações

Olhando o futuro, parece que o movimento em direção à harmonização de qualificações vai continuar com implicações óbvias para a estrutura de educação em turismo e hospitalidade e para o currículo transmitido aos alunos na educação de nível superior. *Messenger* (1992) identifica as seguintes áreas como críticas no desenvolvimento de treinamento e educação baseado na competência e que necessita ser repassado pela indústria de turismo e hospitalidade:

- Desenvolvimento de entendimento de novos modelos de qualificação;

- gerenciamento eficiente do processo de aprendizado para habilitar os aprendizes a adquirir todas as competências e aspectos;

Áreas críticas para a educação e treinamento baseadas na competência

- desenvolvimento e promoção de modelos flexíveis de ensino, incluindo provisões modulares, aprendizado aberto, informatizado e experimental;

- desenvolvimento e design de currículo;

- "design" de uma variedade de métodos de avaliação, incluindo avaliação na área de trabalho;

- guia, aconselhamento e tutela para todas as idades, especialmente adultas.

Muitas destas questões serão demonstradas na Seções de Estudo 3 e 4.

Reorientação do setor de nível superior

Messenger (1992) também sugere que enquanto as estruturas progridem e as competências são definidas para profissionais em nível de qualificação de técnica no setor de nível superior, uma questão crítica que deve ser avaliada é a reorientação, que provavelmente acontecerá quando a indústria for incentivada a decidir o conteúdo do currículo da educação em nível superior.

5.7 Para Pensar

Existem muitas mudanças acontecendo nas estruturas da educação e treinamento, que afetarão a educação e a indústria de turismo e hospitalidade. Muitas das implicações não foram percebidas mas, como educadores, devemos estar conscientes dos possíveis impactos desses envolvimentos.

A seguir, nesta Seção de Estudo, estaremos tratando das abordagens interculturais na educação em turismo e hospitalidade, um assunto que também tocará nas abordagens em outros países e nas tentativas de se padronizar e harmonizar qualificações em turismo e hospitalidade.

Unidade de Estudo 6

Conhecimento Total e Atividades de Pesquisa

6.1 Conhecimento Total e Estudos de Turismo
6.1.1 Modelo da Sociedade de Turismo
6.1.2 Modelo de Jafari
6.1.3 Conhecimento Total da CNAA

6.2 Estudos de Hospitalidade e Conhecimento Total

6.3 Conhecimento Total em Turismo e Hospitalidade e Questões de Pesquisa

6.4 Para Pensar

6 Conhecimento Total e Atividades de Pesquisa

6.1 Conhecimento Total e Estudos de Turismo

Já identificamos em detalhes, na Seção de Estudo anterior, as fontes de onde o turismo tira suas informações e conteúdo e a maneira pela qual o turismo enriquece e exemplifica outras disciplinas, como geografia, economia e estudos de administração. Talvez você queira reler a Unidade de Estudo 2 para relembrar a evolução do turismo como uma matéria que vale a pena ser estudada. Talvez também seja interessante verificar a Unidade de Estudo 1, que apresenta a forma como o turismo pode ser definido.

Como educador, você provavelmente já tem desenvolvido e praticado idéias em relação ao que deve estar ensinando. Caso já venha ensinando há algum tempo, esta pode ser a hora apropriada para dar em passo atrás e reconsiderar o tipo de matéria que deveria incluir no seu currículo. Caso tenha ingressado agora na área, esta pode ser a primeira vez que você realmente teve que pensar sobre o que deseja incluir e o que deve excluir do seu currículo.

Modelos   Houve várias tentativas para identificar e detalhar os componentes apropriados ao conhecimento total em turismo. Estes compreendem modelos desenvolvidos por uma ampla variedade de fontes, incluindo o sugerido por *Tourism Society* (1981), o *CNAA* (1992) e *Jafari* (em *McIntosh e Goeldener*, 1990).

As próximas páginas serão dedicadas a examinar cada um destes em detalhes, antes de estudarmos o conhecimento total em hospitalidade e uma pesquisa de estudo de caso que ilustra a maneira pela qual foi atualizado.

6.1.1 Modelo da Sociedade de Turismo

Identificando requisitos de conhecimento   O modelo do conhecimento total da Sociedade de Turismo Britânico é significativo como uma das poucas tentativas de mapeá-lo e representou um exercício de consultoria extensa à indústria e aos educadores. Porém, o modelo de conhecimento da Sociedade de Turismo foi desenvolvido e publicado em 1981. O estudo que precedeu sua publicação foi feito no final da década de 70 e tinha o importante objetivo de tentar identificar e entender os requisitos de conhecimento dos seus membros e suas ocupações e modelos de carreira. Uma pesquisa postal, em grande escala, foi feita para arrecadar informações, seguidas por algumas entrevistas detalhadas. (Como aparte, uma das conseqüências desse estudo foi sua relevância para um trabalho posterior feito sob o patrocínio da CEDEFOP – como já discutido na Unidade de Estudo 5 – o treinamento europeu e a organização coberta pela educação que foi estabelecida em meados da década de 80, visando ao desenvolvimento de um acesso harmonioso às qualificações através da União Européia).

Como o modelo da Sociedade de Turismo foi escrito há algum tempo, suas próprias idéias e visões podem ser mais atualizadas e refletir um acesso mais atual em relação às matérias e as áreas de estudo, que devem ser incorporadas ao currículo de turismo, hoje.

Você pode querer fazer uma lista das diferenças existentes entre o seu modelo e o da Sociedade de Turismo, tentando focalizar os aspectos que possa ter esquecido, ou talvez deixado de lado, em seu currículo. Você poderá também apontar onde seus ensinamentos e acesso adicionaram algo ao conhecimento total, mediante sua atualização e as próprias inovações do ensino.

Atualizando o corpo de conhecimento   Por exemplo, o modelo da Sociedade de Turismo inclui apenas uma referência passageira sobre o impacto do turismo no meio ambiente. O seu modelo provavelmente fará referência muito mais explícita a essa área e com maiores detalhes, para que reflita o reconhecimento crescente e a importância do turismo sustentável no contexto atual (como identificado na Unidade de Estudo 5). Há também, com certeza, algumas brechas no modelo que você tenha escolhido. Por exemplo, não há referência à importância da incorporação de elementos de uma língua estrangeira no currículo que hoje, para muitos cursos, é um elemento integral. Além disso, a Sociedade de Turismo negligenciou incorporar os aspectos legais que foram tirados dos estudos de Direito e que devem também ser representados no conhecimento total de turismo.

Você pode ter reparado em outras omissões ou esquecimentos ao observar este exercício e, espera-se, seja capaz de retirar algumas informações oferecidas, para melhorar o seu próprio modelo.

Passando para modelos escritos por outros autores, que têm alguma influência na educação em turismo, você provavelmente achará benéfico fazer um exercício similar e comparar suas visões e idéias com as deles.

6.1.2 Modelo de Jafari

O modelo desenvolvido por *Jafari* (1981) (que aparece em *Turismo: Princípios, Práticas, Filosofias de McIntosh e Goeldener*, 1990) já referido na Unidade de Estudo 2 é também reproduzido na Figura 6.1. Em alguns minutos é possível absorver a abordagem que foi adotada e o detalhe incluído.

O modelo fornece boa visão geral do que constitui o conhecimento total em turismo. É relativamente simples o que demonstram as estruturas de turismo de maneira direta e fácil de compreender e que ilustram a aplicação de idéias, técnicas e abordagens derivadas de disciplinas mais tradicionais e adaptadas ao estudo de turismo.

Estudando o modelo, você poderá lembrar-se de outras disciplinas que se relacionem ao turismo e que, talvez, tenham sido deixadas de lado. Você certamente será capaz de anotar títulos adicionais, para refletir o conteúdo atual usado pelo turismo, de modo a formar parte de seu estudo (como representado pelos componentes do círculo central no diagrama).

Há, obviamente, grande quantidade de detalhes que não foram incluídos nesse modelo mas, com uma visão geral, o modelo é simples e cobre bem os principais pontos. Você provavelmente concluirá que, ao mesmo tempo em que não é bem detalhado, o modelo apresenta a essência das idéias difíceis de questionar.

6. Conhecimento Total e Atividades de Pesquisa

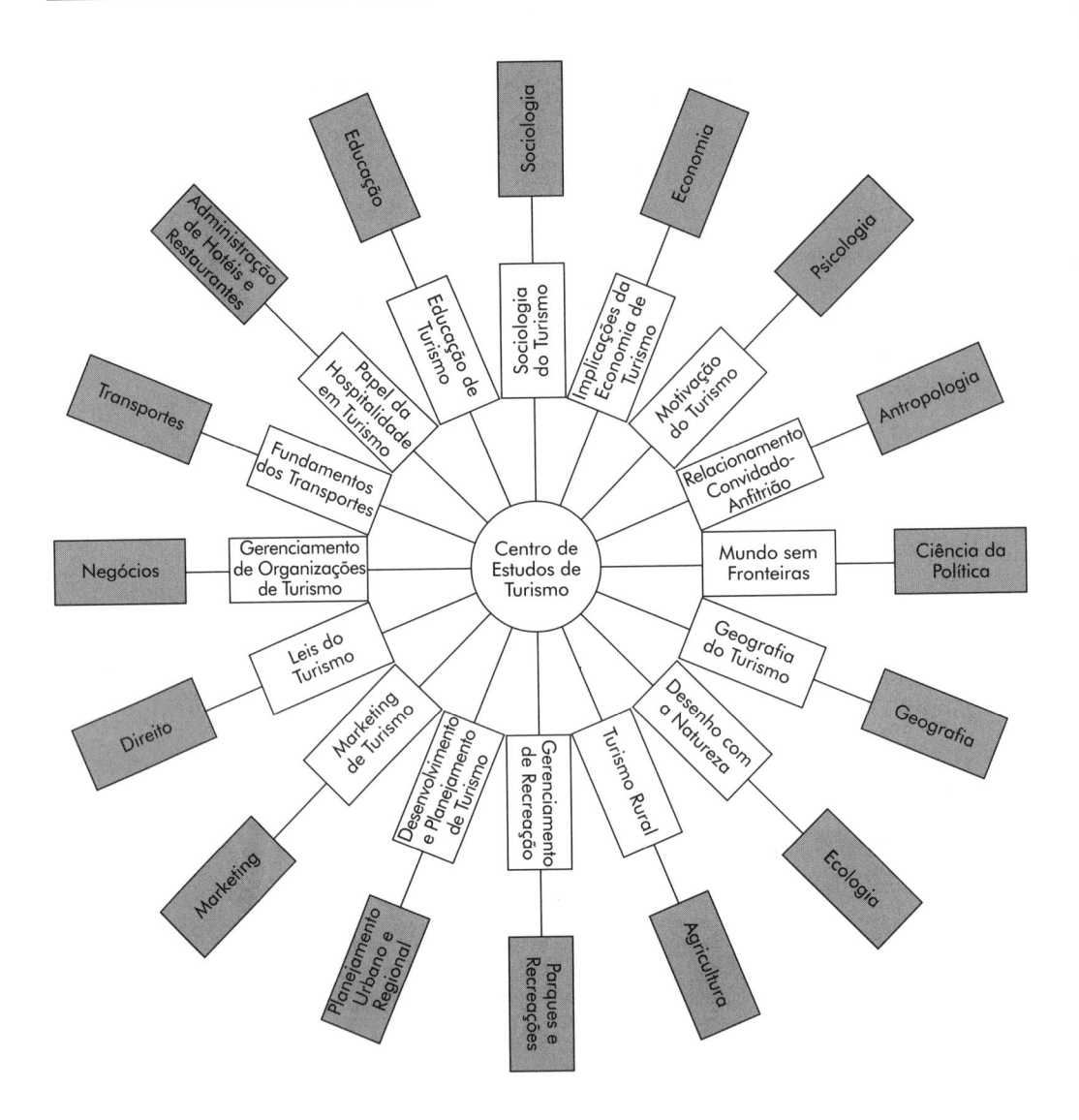

Figura 6.1 – (Fonte: Jafar Jafari, Universidade de Wisconsin – Stout, McIntosh e Goeldner, 1990.)

Em revisão mais recente (1990), *Jafari* classifica o conhecimento total em uma série de estágios evolutivos:

- Plataforma de Advocacia
- Plataforma de Precaução
- Plataforma de Adaptação
- Plataforma baseada no Conhecimento

Essas "Plataformas" resumem claramente os vários campos e suas visões de turismo como matéria.

6.1.3 Conhecimento Total da CNAA

A CNAA era uma organização do Reino Unido, que foi agora dissolvida. Durante as décadas dos 70 e 80, era responsável pelo controle de qualidade dos graus oferecidos pelas escolas politécnicas. Um dos últimos trabalhos foi o estudo interno da provisão de turismo em nível superior. Além disso, o exame do conhecimento total e a avaliação de mudanças mediante a pesquisa da Sociedade de Turismo no início da década de 80 também foram incorporados. Os resultados do estudo da CNNA refletem de perto os realizados previamente pela Sociedade de Turismo citados anteriormente.

Provisão de estudo em nível superior

O modelo foi desenvolvido visando a outro contexto: não foi planejado apenas para atualizar o conhecimento total, mas também para identificar a essência do conteúdo de um currículo para educadores em turismo. Isso, por si só, é controverso e será desenvolvido em maiores detalhes na Unidade de Estudo 4, quando serão introduzidos os problemas atuais enfrentados por educadores em turismo.

Currículo de essência mínima

O modelo do CNAA segue o progresso de conhecimento total, particularmente as plataformas de *Jafari*, que hoje incluem considerações de desenvolvimento sustentável e impacto ambiental. Porém, ainda não se mencionam línguas estrangeiras e aspectos legais de turismo, importantes áreas de estudo. O benefício desse modelo, por outro lado, é que é atualizado e foi desenvolvido como o resultado de pesquisa feita no final da década de 80 e começo de 90.

Você deve, agora, ter uma idéia geral do que o conhecimento total de turismo atualmente é e como sua estrutura e conteúdo são derivados da união de elementos de várias outras disciplinas. Pode ser útil considerar suas próprias idéias, tendo em mente esses modelos e, talvez, assim refiná-las, se você considerar que isso poderia melhorar ou enriquecer a sua abordagem de ensino e o conteúdo de seu currículo.

Em termos de desenvolver uma visão geral, é muito difícil definir a essência de um bom currículo de turismo e categorizar elementos diferentes como "necessário", "possível" ou "provável". Porém, examinando e avaliando os modelos apresentados neste módulo, unidos ao seu próprio modelo, você provavelmente concluirá que os elementos essenciais de um eficaz e abrangente currículo de turismo são:

Elementos essenciais de um modelo

- Determinantes e motivadores de viagem, como por exemplo, demanda.
- Setores dos componentes da indústria do turismo, como por exemplo, oferta.

- Marketing, como por exemplo, comunicação.

- Maneiras para conectar oferta e demanda, como por exemplo, transporte.

Como você lembra, a Unidade de Estudo 1 tratou as diferentes abordagens de como conectar os elementos para formar um modelo de sistema de turismo: seria interessante reler essa Unidade de Estudo e reconsiderar os modelos, tendo em mente a revisão do conhecimento total do turismo.

6.2 Estudos de Hospitalidade e Conhecimento Total

Atualização

O conhecimento total de hospitalidade foi estabelecido muito antes que o do seu parceiro, o turismo. Não por isso, muitas das questões são similares e os problemas são comuns em ambas as áreas de estudo. Assim como a Sociedade de Turismo atualizou o seu conhecimento total, o HCIMA também tem estado muito ativo nessa área nos últimos anos para atualizar-se.

Messenger (1992) *e Gamble e Messenger* (1990) fornecem uma introdução ao trabalho feito pelo HCIMA no Reino Unido. Este organismo profissional completou, recentemente, um importante projeto de pesquisa planejado para atualizar os seus conhecimentos totais e para estabelecer as habilidades que serão adquiridas no futuro por gerentes de hospitalidade e que a educação de hoje deve estar fornecendo.

Metas do HCIMA para atualizar o corpo de conhecimento

Messenger fornece uma visão clara da pesquisa e resumo dos principais objetivos do projeto:

- Fornecer às escolas de hotelaria e outros educadores/treinadores informações que atendam ao desenvolvimento de seus currículos;

- fornecer às companhias de hospitalidade informações e conselhos referentes aos requisitos de habilidade e conhecimento para gerentes que trabalham em diferentes setores da indústria;

- identificar as necessidades da educação e treinamento de gerentes na indústria de hospitalidade européia;

- fornecer informações sobre as mudanças que os papéis de gerenciamento podem provocar no futuro, como resultado de mudanças econômicas, sociais, tecnológicas e outras;

- apontar a extensão em que as habilidades e conhecimentos requeridos por gerentes em hospitalidade são genéricos e podem ser transferidos entre diferentes indústrias; e

- fornecer informações sobre as funções que gerentes em hospitalidade exercem em diferentes níveis e situações.

Uma variedade de técnicas de pesquisa foi utilizada para identificar tendências que serão de utilidade tanto na indústria quanto nos setores educacionais na Europa. Em primeiro lugar, entrevistas detalhadas foram conduzidas por gerentes-chave em hospitalidade de todos os setores da indústria (hotéis, restaurantes, hospitais, educação), para identificar as principais tendências e desenvolvimentos que possivelmente influenciarão, no futuro, os papéis dos gerentes.

Entrevistas com gerentes de indústrias sobre tendências

Em segundo lugar, grupos focados de gerentes "maduros" foram organizados, para que o tipo e a natureza do conhecimento e das habilidades para conduzir os seus trabalhos com competência, fossem analisados e como estes têm mudado. Finalmente, foi tomada uma amostra de membros do HCIMA em todos os setores da indústria, e pedido aos participantes que fornecessem um número de incidentes que caracterizasse os seus trabalhos, tendo sido empregada a Técnica de Incidente Crítico para analisar os resultados.

Mudanças necessárias nas habilidades

6.3 Conhecimento Total em Turismo e Hospitalidade e Questões de Pesquisa

Tendo em vista alguns modelos que descrevem e refletem o conhecimento total em turismo e hospitalidade, examinaremos a importância da pesquisa no avanço da educação em turismo e na implementação do conhecimento total.

Existem várias questões, neste contexto, das quais você deve estar ciente, estando as principais listadas a seguir, para sua consideração:

- Pesquisa dá subsídios e alimenta o conhecimento total de várias maneiras: fornece material de estudo de caso; desenvolve a abrangência e o conteúdo do material disponível para educadores envolvidos no ensino de turismo e hospitalidade e assiste a evolução das áreas de estudo.

Pesquisa fornece subsídios ao conhecimento total

- A pesquisa deve assistir a integração entre turismo e/ou hospitalidade e o que se pensa sobre os assuntos. Deve também fornecer uma forma consolidada, que ofereça aos educadores e estudantes uma perspectiva geral.

Investimento em pesquisa sobre turismo

- Enquanto a pesquisa em turismo e, em menor escala, em hospitalidade, ainda está tentando desenvolver métodos universalmente aceitos e totalmente aplicáveis ao estudo de turismo, é importante que o investimento em pesquisa seja mantido, para assegurar que se alcance a meta.

- A pesquisa deve ter uma influência benéfica, não apenas no conhecimento total de turismo e hospitalidade, mas também no desenvolvimento pessoal e na carreira profissional daqueles que conduzem a pesquisa.

- Estudantes que tiveram bons ensinamentos em turismo e hospitalidade e que apreciam isso devem espalhar a mensagem da necessidade de investimento em pesquisa na área, não apenas para o benefício do conhecimento total, mas também pela vantagem comercial que uma boa investigação trará à indústria.

Estas são apenas algumas das questões associadas à pesquisa em turismo e hospitalidade – talvez você possa identificar outras – mas elas são importantes desde que exerçam influência sobre a direção e a natureza da atividade da pesquisa.

Diferenças entre metas de educadores e pesquisadores

Na prática, é realmente muito difícil o relacionamento entre educadores e pesquisadores para desenvolver uma maneira benéfica para ambos. Conseqüentemente, não é sempre fácil assegurar que os benefícios da pesquisa sejam voltados ao conhecimento total. Como resultado do relacionamento difícil, o desenvolvimento do conhecimento total pode ser inibido. Por exemplo, educadores talvez não possam comunicar aos pesquisadores onde estão as brechas no conhecimento total e então podem ocorrer atrasos para suprimi-las. Por outro lado, pesquisadores podem ser oriundos de outros departamentos ou ter um "background" que não da indústria de turismo ou hospitalidade e talvez não tenham treinamento específico nessas áreas. Dessa forma, eles não sentem nem inclinação à área de estudo, nem ao progresso do conhecimento total relatado.

Diferentes abordagens do mesmo problema

Pesquisadores e educadores estão olhando com freqüência o mesmo problema, mas abordando-o sob ângulos completamente diferentes. Podem ter pouco compromisso com o turismo, a hospitalidade e o conhecimento total associado; educadores, por um lado, vêem a pesquisa como tendo um retorno financeiro limitado e, por isso, não são atraídos por ela. Aqueles que, com freqüência, têm maior ganho na progressão do conhecimento total, não são os diretamente responsáveis pela execução da pesquisa.

Além de tudo, educadores costumam estar muito ocupados ensinando e lidando com seus compromissos administrativos; mesmo que tivessem interesse em conduzir as próprias pesquisas em áreas com potencial genuíno para o progresso da matéria, provavelmente não teriam tempo.

Educadores com tempo limitado dedicado à pesquisa

Para assegurar que turismo e hospitalidade, como área de estudo e seu conhecimento total associado progridam, tal conflito deve ser solucionado rapidamente. Outro conflito que os educadores devem conhecer e, se não for resolvido, pode comprometer o desenvolvimento do conhecimento total, é o conflito entre pesquisa pura e aplicada (ou contratada). Pesquisa pura não tem hoje muita força em turismo e hospitalidade – sua aplicação é vista com falta de credibilidade e virtualmente inexistente na área.

Conflitos entre pesquisa pura e aplicada

Pesquisa aplicada é um fenômeno muito mais comum: realmente, muitos de vocês terão tido envolvimento com ela. É contratada por instituições educacionais e pela indústria e, quase sempre, orientada à investigação de um problema específico, identificado pela companhia que financia a pesquisa.

O grande problema com a pesquisa aplicada é que, freqüentemente, não consegue acrescentar nada substancial ou significativo ao conhecimento total de turismo ou hospitalidade, porque o problema é muito específico da companhia ou do setor e relativamente limitado à sua abrangência, sendo normalmente concreto e operacional, ao invés de abstrato e conceitual. A instituição educacional envolvida com a pesquisa geralmente tem pouco controle sobre a direção da pesquisa e "input" limitado na área selecionada. Em resumo, a pesquisa aplicada é costumeiramente dominada pela indústria e não sensível a ela, nada acrescentando ao conhecimento total.

Abrangência limitada da pesquisa aplicada

Conseqüentemente, você tem que se perguntar se a natureza e o tipo de pesquisa que predominam em turismo e hospitalidade são ou não verdadeiras e benéficas aos educadores e professores da área. Essa pesquisa contribui efetivamente para o conhecimento total ou a orientação da indústria uma vez que esta é uma característica da abordagem da pesquisa em turismo e hospitalidade, ou significa até que a única beneficiada é a própria indústria? Apesar de tudo, ela absorve especialidades e conhecimentos de educadores sem permitir que eles usem a liberdade acadêmica para influenciar a direção da pesquisa, que assegure benefícios mútuos. Isso cria um problema maior – a pesquisa aplicada nunca desenvolverá a precisão técnica necessária ao turismo, antes que possa ser seriamente considerada como uma disciplina.

É a indústria a única beneficiada pela pesquisa aplicada?

6.4 Para Pensar

Enquanto o significado econômico do turismo como atividade se multiplicou nos últimos 40 anos, tal crescimento não foi estabelecido com fundação sólida de infra-estrutura e pesquisa. Você pode argumentar que a base de informação usada por educadores e professores em turismo e hospitalidade é tão frágil como antes e, provavelmente, não confiável.

Pesquisa essencial para o desenvolvimento da educação

Pesquisa em turismo e hospitalidade é essencial para que a educação se desenvolva com sucesso e para que o conhecimento total se desenvolva satisfatoriamente. A indústria, com certeza, se beneficiaria da força de trabalho, que não apenas possui um conhecimento atualizado das questões e problemas, mas também é equipada com as habilidades para lidar com eles. E, ainda, a indústria continua a não dar a devida importância para a pesquisa pura.

A mentalidade "mostre-me" dos gerentes

Além de tudo, existe uma predisposição em relação ao "mostre-me" que existe entre os gerentes de muitas das pequenas e médias companhias. Há pouco reconhecimento em relação à importância da pesquisa, não apenas para o progresso da educação em turismo e hospitalidade, mas também para o desenvolvimento contínuo da indústria que é, realmente, quem colhe os benefícios da força de trabalho habilitada e mais bem equipada.

A importância da pesquisa para o corpo de conhecimento é central, mas existem outras razões por que a pesquisa na industria de turismo e hospitalidade deve continuar e aumentar:

Coleta de dados confiável

- As estatísticas de turismo não são confiáveis, como resultado das dificuldades de definição, qualidade e comparação. A pesquisa é, então, necessária com urgência, para embasar e verificar dados, transformando-os em informações confiáveis, em que indústria e autoridades de turismo possam basear suas decisões estratégicas e em que educadores possam desenvolver seus cursos.

- Com o incentivo da coleta de dados confiável e da informação precisa, educadores em turismo e hospitalidade podem facilitar a comparação de informações relacionadas a várias medidas de turismo entre países e no seu próprio país. Mais uma vez, existem implicações políticas nesse sentido, para os educadores e para a indústria.

Consolidação de conhecimento existente

- A partir daí, a pesquisa é importante, já que atua para consolidar o conhecimento existente relacionado ao turismo e à hospitalidade. Isso é bastante significativo, pois muito do pensamento atual é inacessível afora jornais formais e publicações.

Conseqüentemente, a infra-estrutura educacional de turismo ainda está em seus primeiros estágios de desenvolvimento. Para hospitalidade, o conhecimento total e a maneira pela qual ele é apresentado dentro do currículo são mais maduros. Sem a coordenação de pesquisa, educação e ensino o conhecimento total em turismo, em particular, pode estar em perigo de colapso. A pesquisa deve ser prioridade para garantir a integração de conteúdo que foi arrecadado de várias disciplinas e facilitar a evolução de uma estrutura bem planejada com a qual educadores, estudantes, pesquisadores e a indústria possam contar.

Coordenação de pesquisa, educação e ensino

Unidade de Estudo 7

Abordagens Interculturais da Educação em Turismo e Hospitalidade

7.1 Introdução

7.2 Atividade do Aprendiz

7.3 Abordagens Interculturais do Ensino em Turismo

7.4 Abordagens Interculturais da Educação em Turismo
7.4.1 Abordagem Canadense
7.4.2 Abordagem Americana
7.4.3 Abordagem no Reino Unido
7.4.4 Abordagem Alemã
7.4.5 Perspectiva Européia da Educação Intercultural em Turismo
7.4.6 Visão Geral

7.5 Abordagens Interculturais de Educação em Hospitalidade
7.5.1 Abordagem Canadense
7.5.2 Abordagem Americana
7.5.3 Abordagem no Reino Unido
7.5.4 Abordagem Alemã
7.5.5 Algumas Informações Adicionais
7.5.6 Estudo de Caso: Educação Intercultural em Turismo
7.5.7 Visão Geral

7.6 Educação em Turismo nos Países em Desenvolvimento
7.6.1 Para Pensar

Abordagens Interculturais da Educação em Turismo e Hospitalidade

7.1 Introdução

O turismo é uma atividade internacional e isso se reflete na grande variedade de abordagens para seu estudo. Da mesma maneira, a indústria da hospitalidade é universal e para ambos, turismo e hospitalidade, apesar de movimentos em direção à padronização do currículo, permanece uma variação intercultural significativa na educação em turismo e hospitalidade.

O propósito desta seção é fornecer uma perspectiva internacional à educação em turismo e hospitalidade mediante exemplos das abordagens existentes em vários países selecionados.

7.2 Atividade do Aprendiz

Porém, antes de você começar a ler, seria interessante considerar o critério que poderá ser usado para medir a efetividade das abordagens da educação em turismo e hospitalidade.

Efetividade das abordagens

Por exemplo, quão importante você acha ser o envolvimento da indústria no currículo e "design" do curso? Os programas relacionados à colocação de profissionais na indústria são melhores, sob seu ponto de vista, do que aqueles que não oferecem experiência profissional aos estudantes? Você acha que programas que oferecem aos alunos a oportunidade de estudar em outros países são mais eficazes que aqueles que restringem as atividades a um só país? Finalmente, você deve se lembrar que turismo como atividade é o mesmo em todo o mundo, mas ocorre em diferentes contextos, o que traz à tona questões culturais específicas. A idéia universal dos princípios de aplicação com revelância local estão no miolo desta seção.

Questões culturais específicas

Também seria interessante comparar algumas abordagens com a maneira pela qual sua instituição ou departamento apresentam turismo e hospitalidade: você deve ser receptivo a novas idéias que possam ser incorporadas ao seu currículo, para ampliar abrangência e visão.

7.3 Abordagens Interculturais do Ensino em Turismo

Estaremos primeiro verificando as abordagens interculturais do ensino em turismo e os países serão examinados em turismo e hospitalidade na Unidade de Estudo 7:

- Abordagens canadenses e norte-americanas de planejamento de currículo de turismo serão consideradas em primeiro lugar;

- as próximas a serem examinadas serão as abordagens do Reino Unido;

- estas serão seguidas por outro exemplo europeu de planejamento de currículo. Nesse caso, será o modelo alemão;

- será fornecida uma visão européia geral;

- além disso, será feita referência à abordagem da educação em hospitalidade dos europeus e norte-americanos;

- será introduzido um estudo de caso em sua perspectiva e encaminhamento, detalhando a qualificação em nível de mestrado em turismo internacional; e

- finalmente, a seção será concluída com a avaliação dos currículos relacionados aos países em desenvolvimento, com referência específica à educação em turismo.

Seria interessante que você anotasse as similaridades e diferenças em termos de abordagem de planejamento de currículos nos países exemplificados. Você deve também notar que os pontos gerais feitos em relação ao sistema geral de educação são aplicáveis às educação em turismo e hospitalidade. Por isso, enquanto, por conveniência, abordamos esses pontos na seção com o título "abordagens interculturais da educação em turismo", as observações mais gerais também se aplicarão à educação em hospitalidade.

Similaridades e diferenças

7.4 Abordagens Interculturais da Educação em Turismo

7.4.1. Abordagem Canadense

Cursos de turismo em nível avançado ainda estão para ser integrados aos níveis mais baixos de educação pós-compulsória no Canadá, onde predominam hospitalidade e cursos relacionados a ela. Os cursos oferecidos em níveis inferiores concentram-se em fornecer pessoal operacional e de supervisão à indústria de viagens e os cursos superiores continuam engatinhando. O desenvolvimento destes tem sido brecado pelas incertezas da demanda, falta de interesse entre empregadores e resistência geral aos programas de base mais abrangentes, necessários aos cursos de gerenciamento de turismo. Apesar disto, tem ocorrido progresso e isto se reflete no artigo de *Quinn e Ritchie* (1988). Ele fornece análise e avaliação profunda da história da educação em turismo no Canadá, abrangências da educação na área, problemas que atualmente enfrenta e prováveis desenvolvimentos futuros. Enquanto você lê, tente lembrar-se das questões levantadas na introdução da abordagem canadense e tente chegar às suas próprias conclusões. Você também deve notar que muitas questões citadas são relevantes para educação em hospitalidade.

Cursos de turismo em nível superior, ainda engatinhando

7.4.2 Abordagem Americana

Nos Estados Unidos, estudos de turismo e de gerenciamento em hospitalidade são integrados à educação de nível superior, de maneira que se torna difícil identificar todos os cursos relevantes. A situação ainda se torna mais complicada pela diversidade de abordagens. Nos Estados, Unidos quase todas as estruturas de grau são modulares e estudantes formando-se em outra matéria podem estudar turismo como opção. Conseqüentemente, informações relativas ao número, tipo e nível de provisões não estão disponíveis.

Estruturas de graus modulares

Raros cursos especializados em turismo

Porém, é possível notar que, nos Estados Unidos, cursos especializados em turismo são raros. Turismo é normalmente oferecido como opção em programas de gerenciamento de hospitalidade (especialmente em escolas de administração) e, similarmente ao modelo canadense, as provisões de educação em turismo em escolas de nível superior estão ainda engatinhando. Por outro lado, há uma grande gama de cursos disponíveis em organização e administração de viagens oferecidos, por provedores estaduais ou particulares, aos interessados em entrar para a indústria em nível operacional ou de supervisão.

Grau acadêmico

É possível discernir que programas de turismo são apresentados em duas rotas nesses países. A primeira, pelo estudo acadêmico na etapa inicial do estudo superior ou na pós-graduação, na qual o turismo é oferecido como opção ou é parte de um programa eletivo. Uma estimativa não precisa sugere que existem 30 universidades, escolas de administração e faculdades nos Estados Unidos que atualmente se enquadram nessa categoria. Os programas têm, normalmente, quatro anos de duração e o conteúdo de cada um varia muito, pois quase todos os currículos consistem no ensino tradicional associado à hospitalidade e à recreação como especialidade em turismo.

Certificação e desenvolvimento profissional

A segunda abordagem da apresentação da educação em turismo nos Estados Unidos se relaciona à provisão de programas de certificação e desenvolvimento de profissionais, que são direcionados aos trabalhadores na indústria em nível operacional e de supervisão. Em termos de envolvimento da indústria nesses programas, isso geralmente acontece como estágio organizado pelo estudante com duração média de 12 a 16 semanas em período integral, ou estágios de treinamento profissional com período médio de seis meses e base mais abrangente (envolvendo rotatividade de trabalho) e que são determinados na mesma linha que os estágios profissionais britânicos.

Burke (1988) adiciona, em seu artigo, uma descrição detalhada do sistema educacional americano, antes da análise profunda e da explicação da provisão da educação em turismo em particular nos Estados Unidos. Ele também aborda a aplicação de alguns conceitos teóricos já vistos na Unidade de Estudo 4. Como todos os outros artigos mencionados nesta seção, o resumo introduz algumas questões genéricas, associadas à educação em turismo e não as discute em grande profundidade.

7.4.3 Abordagem no Reino Unido

Já lidamos com a abordagem educacional no Reino Unido em turismo e hospitalidade. Seria interessante você rever a Unidade de Estudo 2, que fornece uma visão geral do desenvolvimento da educação em hospitalidade no Reino Unido e o seu estado de provisão atual.

7.4.4 Abordagem Alemã

A educação de gerenciamento em turismo na Alemanha é fornecida pela combinação de cursos de meio-período e período integral e cursos de nível superior são administrados por instituições em três níveis diferentes. Em primeiro lugar, há instituições que fornecem técnicas administrativas em nível intermediário e técnico e educação de gerenciamento em cursos com dois anos de duração, período integral oferecendo as qualificações necessárias para acesso aos cursos de nível superior. Em segundo lugar, há faculdades técnicas que fornecem cursos de administração com três a quatro anos de duração com especialização em turismo, viagem e hotelaria. E, finalmente, há universidades e instituições profissionais que oferecem cursos de pós-graduação com duração de um ano, em período integral ou três anos, em meio-período.

Cursos técnicos em dois anos

A educação em turismo é relativamente nova na Alemanha e, enquanto a educação vocacional inicial em nível de assistente está bem estabelecida, foi apenas no final da década de 70 que cursos avançados para gerenciamento em turismo se tornaram disponíveis. Eles foram estabelecidos em quatro instituições universitárias que, ainda hoje, formam a base das provisões em turismo na Alemanha.

Cursos avançados relativamente novos

Essas instituições fornecem estudos de turismo como um curso à parte. Enquanto outras evitam especialização completa na área, muitos desenvolveram opções de turismo no contexto de outras disciplinas como, por exemplo, sociologia, transporte e geografia. Os cursos de turismo oferecidos em nível universitário são de economia e administração, com duração de quatro anos e combinam o curso propriamente dito com fundamentos especializados em turismo e com os seguintes elementos essenciais, normalmente incluídos: economia geral, direito, administração financeira, matemática, marketing, administração de empresas, gerenciamento de pessoal, taxas e línguas estrangeiras. O balanço entre tais elementos varia bastante entre instituições.

Administração com quatro anos de duração combinada com especialização em turismo

Hill (1988) foca o desenvolvimento da educação em turismo na Alemanha, os níveis e tipos de cursos disponíveis e a apresentação da matéria no currículo. O resumo de um curso de gerenciamento de turismo é também incluído no final do artigo, para seu conhecimento.

7.4.5 Perspectiva Européia da Educação Intercultural em Turismo

Cooper, Shepherd e Weslake (1992) citam brevemente as provisões de treinamento e educação em turismo em alguns países da União Européia. Não é uma visão abrangente, mas vale a pena examiná-la.

7.4.6 Visão Geral

Como você já viu, existe um grande número de abordagens para o planejamento do currículo para turismo em diferentes países. Até a avaliação, tipo, nível e natureza das provisões são determinados pela estrutura geral da educação desenvolvida no decorrer dos anos. É importante que você perceba existirem outras maneiras de ensinar turismo além da que você está acostumado e, considerando algumas das alternativas, você poderá racionalizar e melhorar sua própria abordagem.

7.5 Abordagens Interculturais de Educação em Hospitalidade

7.5.1 Abordagem Canadense

Programas de hospitalidade estabelecidos há muito tempo

Os programas canadenses de hospitalidade foram estabelecidos há muito tempo no ensino superior, no qual há muitos cursos de bacharelado e se graduam, todos os anos, muitos estudantes atendendo, dessa forma, às necessidades da indústria. Em níveis intermediários, habilidades técnicas são enfatizadas à custa das habilidades administrativas e agora, estão ocorrendo sérias mudanças em relação à padronização dos cursos, que devem atenuar a deficiência evidente em tal nível, persistente desde o início da década de 90.

Seria interessante você voltar a *Quinn e Ritchie* (1988), que se concentram na educação em turismo, mas indiretamente fornecem também uma boa introdução à educação em hospitalidade.

Similares aos programas nos Estados Unidos, cursos de gerenciamento de hospitalidade no Canadá desafiam a generalização: o currículo não é padronizado e a qualidade dos programas varia muito entre as instituições. Nas provisões de níveis mais baixos, estima-se que metade das faculdades e institutos do setor ofereçam programas de hospitalidade em nível intermediário, o que atrai estudantes das escolas secundárias.

Alunos formando-se nessas instituições geralmente são colocados em posições de treinamento gerencial. Enquanto conteúdo e qualidade são variáveis, os cursos de renome são amplamente embasados e têm como meta o desenvolvimento de habilidades administrativas teóricas fundamentais. Áreas de estudo podem incluir prática de gerenciamento aplicada, gerenciamento de recursos humanos e direito do trabalhador, contabilidade geral em hospitalidade, técnicas de gerenciamento geral, seguro e direito empresarial, "design" e organização, segurança e processamento de dados e conceitos de informática.

Experiência de trabalho nos cursos

A experiência de trabalho é contida em praticamente todos os cursos e, como nos Estados Unidos, existe uma nova corrente visando reduzir a mais tradicional preparação de alimentos e elementos de habilidades culinárias desses cursos e aumentar os aspectos teóricos e de habilidades de administração.

Um pequeno número de instituições de qualidade existe no setor mais elevado da educação no Canadá e o número total de estudantes dessas instituições atinge aproximadamente 600 ao ano, embora um programa limitado de expansão pareça estar sendo disputado discretamente por uma série de instituições. Muitos dos cursos nesse nível são estruturados como programas mistos, que combinam exposições às disciplinas acadêmicas tradicionais com uma teoria focando a educação profissional estrangeira e as capacidades de administração. A maioria dos cursos leva três ou quatro anos para que o estudante o complete e o sistema é administrado somando flexibilidade pelo sistema de reconhecimento baseado em créditos operacionais.

Qualificação superior

Para conseguir uma qualificação superior no Canadá, espera-se que um estudante complete em torno de 40 cursos, dos quais 25 ou 30 seriam considerados como fundamentais. Tais cursos geralmente incluem química e microbiologia, ciências sociais, marketing, contabilidade, ciência da alimentação e nutrição, gerenciamento de alimentação e bebidas, gerenciamento e operação de hospitalidade, direito e "design". A experiência de trabalho é normalmente necessária ao término dos cursos, mas não há preocupação no sentido de que ela ocorra formalmente.

Em geral, a educação em hospitalidade evoluiu muito mais do que em turismo e, hoje, parece que está bem estabelecida. Enquanto não existe uma visão abrangente das demandas da indústria, dados institucionais sugerem que formandos em hospitalidade são bem requisitados.

7.5.2 Abordagem Americana

O Conselho de Educação e Gerenciamento de Hotel-Restaurante e Institucional (CHRIE) estimou existir um excesso de 160 instituições nos Estados Unidos com programas de gerenciamento em hospitalidade, em nível de bacharelado, e muitos mais em nível associado. No total e em todos os níveis e provisões, foi estimado pela Associação Americana de Motel e Hotel (AHMA) existirem cerca de 500 escolas de gerenciamento em hospitalidade nos Estados Unidos e que, de acordo com a estimativa do CHRIE, um terço delas oferece cursos em nível de bacharelado.

Variedade em qualidade

Diplomas de curso breve

O número de faculdades oferecendo educação em hospitalidade em nível intermediário está crescendo, mas a variedade na qualidade é a grande preocupação. Os cursos são, normalmente, em período integral, com dois anos de duração e modulares em suas estruturas, o que facilita o meio-período, com o dia livre e estudo à noite. Os estudantes deixam essas organizações com diplomas de curso breve e muitas instituições em nível superior os aceitam como crédito para um diploma de bacharel: uma das maiores vantagens, então, é que esse sistema amplia o acesso dos estudantes a uma educação em nível superior.

Diplomas de bacharel com quatro anos de duração

Orientados ao gerenciamento

Diplomas de Bacharel em hospitalidade são oferecidos em quase todos os programas com quatro anos de duração, mas o conteúdo entre programas e instituições varia consideravelmente. Algumas das escolas de administração que oferecem tais qualificações podem ser vistas como de baixo nível, enquanto as de hotelaria bem estabelecidas, como a Cornell, são repletas de concorrentes às vagas. Nestas escolas, matérias práticas tendem a oferecer uma proporção bem menor no currículo do que seria o caso da maioria dos cursos de primeiro grau europeus e a ênfase, por outro lado, é nos estudos orientados a gerenciamento e administração.

A demanda de estudantes para qualificações de nível superior em hospitalidade em escolas de administração e de especialização está em alta, apesar da desistência de 50%; os estudantes que terminam o curso são em número reduzido.

7.5.3 Abordagem no Reino Unido

A abordagem no Reino Unido e o portfolio das provisões que existem hoje já foram discutidos em detalhes na Seção de Estudos 1 e seria interessante que você relesse a Unidade de Estudo, se sentir necessidade de relembrá-la.

7.5.4 Abordagem Alemã

A educação vocacional em hospitalidade é bem estabelecida na Alemanha e treina o pessoal entrando na indústria, normalmente em cursos que duram dois anos. O conteúdo dos cursos é padronizado, apesar de a ênfase poder variar um pouco entre as instituições. Pressões da indústria desde o fim da década de 70 incentivaram o desenvolvimento dos elementos de gerenciamento e economia da administração, que suplementam os elementos compulsórios: alemão comercial (como linguagem administrativa), idioma estrangeiro compulsório, economia da administração, gerenciamento financeiro, organização de hotel (incluindo pessoal, direitos empregatícios, gerenciamento operacional), tecnologia alimentícia, tecnologia da informação e ciências gerais.

Educação vocacional em hospitalidade bem estabelecida

Quase todos os *Fachhochschulen*, que oferecem qualificações em nível de diploma, possuem especializações de gerenciamento em hospitalidade em cursos que duram normalmente quatro anos e que incorporam dois semestres práticos. Além do setor estadual, existem também provisões na área no setor privado, que operam independentemente e, quase sempre, refletem uma abordagem mais tradicional com ênfase em habilidades práticas.

Setor estadual e privado

7.5.5 Algumas Informações Adicionais

Moreo e Christianson (1988) comparam um número de elementos que são vistos, por seus autores, como representativos da abordagem da educação em hospitalidade na Europa e nos Estados Unidos. Há também uma avaliação de filosofia, organização e abordagem operacional na educação em hospitalidade e o artigo, mesmo estando relativamente ultrapassado, fornece visões interessantes.

7.5.6 Estudo de Caso: Educação Intercultural em Turismo

Fora o programa ERASMUS, que procura encorajar e ampliar as ligações entre instituições européias, um programa de mestrado intercultural foi desenvolvido para o turismo e é intitulado "Programa de Mestrado de Gerenciamento em Turismo Europeu".

Mestrado europeu de gerenciamento em turismo

Integração de abordagens

Instituições de cinco países estão envolvidas no programa: Breda (Holanda), Bournemouth (Reino Unido), Chambery (França), Heilbronn (Alemanha) e Madri (Espanha). A estrutura do curso é complexa e permite que os estudantes cursem o mestrado (ou qualificação equivalente, dependendo do país de origem do estudante), em até três países diferentes.

Você pode ter sua própria visão sobre programas como estes – talvez tenha experiência prática em tentar desenvolver um programa similar e estará bem consciente dos problemas e inconvenientes de tão ambiciosa aventura. Porém, qualquer que seja sua visão, o programa é uma tentativa interessante de integrar as abordagens de educação em turismo de vários países em um só programa, que procura harmonizar os bons pontos de todos e oferecer ao estudante uma experiência realmente intercultural.

7.5.7 Visão Geral

Como a educação em turismo, a natureza da educação em hospitalidade, sua estrutura e método são de algum modo determinados e fechados pela estrutura educacional existente. Apesar de a hospitalidade ser mais bem estabelecida quanto à matéria educacional, é ainda relativamente nova porque, em muitos países, ela simplesmente é adicionada a estudos de administração fundamental apenas como especialização.

7.6 Educação em Turismo nos Países em Desenvolvimento

Necessidades especiais dos países em desenvolvimento

Antes de seguirmos para a Seção de Estudo 3, devemos voltar nossa atenção às provisões de educação em hospitalidade e turismo nos países em desenvolvimento e às necessidades especiais e problemas que influenciam a apresentação do treinamento e educação em turismo e hospitalidade nesse contexto.

Evitar superdesenvolvimento e proteção de recursos frágeis

Para vários países em desenvolvimento com economia fraca, o desenvolvimento bem-sucedido da indústria de turismo é visto como um importante bônus econômico. Porém, enquanto a perspectiva de troca de moeda estrangeira arrecadada pelo turismo for muito atraente, é essencial que esses países planejem e controlem o turismo cuidadosamente, assegurando que não ocorra superdesenvolvimento e que os recursos frágeis e singulares sejam bem protegidos.

Da mesma maneira, os recursos humanos devem ser desenvolvidos com cuidado, levando-se em conta as necessidades especiais e os problemas das economias em desenvolvimento. Tendo esse critério em mente, foram selecionados os três artigos seguintes.

Cuidado no desenvolvimento de recursos humanos

Theuns e Rasheed (1983) discutem a educação em turismo nos países em desenvolvimento. Porém, em um nível mais geral, o artigo também oferece um exame interessante e provocativo de abordagens contrastantes de educação em turismo: as abordagens relacionadas à oferta e à demanda. Os autores enfatizam as grandes irregularidades nas provisões da educação em turismo em todos os níveis, em termos de duração, conteúdo, *status* institucional e afiliações de cursos, que tornam a avaliação sistematizada de provisões extremamente difícil. *Theuns e Rasheed* também oferecem suas visões em relação à maneira mais apropriada de abordar a educação em turismo nos países em desenvolvimento.

Abordagens relacionadas à oferta e à demanda

Fletcher e Latham (1989) focam o crescimento e desenvolvimento da indústria turística e os requisitos resultantes para a melhoria da educação em turismo, particularmente no terceiro mundo. Oferecem também o exemplo detalhado de um programa geral e abrangente de estudos em turismo, que pode ser considerado apropriado no contexto da educação em turismo em um país em desenvolvimento, com a avaliação do programa.

Exemplo de programa

Howell e Uysal (1987) identificam alguns dos problemas que confrontam educadores envolvidos em planejamento de currículo para educação em turismo nos países em desenvolvimento. Os autores clamam por uma abordagem mais sensível em todas as áreas de educação em turismo para refletir a situação individual, maximizando os benefícios do setor para todos envolvidos, especialmente para a comunidade anfitriã.

Chamada para uma abordagem mais sensível

7.6.1 Para Pensar

Turismo e hospitalidade são fenômenos internacionais e, conseqüentemente, educação em turismo e hospitalidade está se tornando uma atividade pedagógica em todo o mundo, com relevância tanto em países desenvolvidos como em desenvolvimento.

Atividade pedagógica em todo o mundo

Continentes e países diferentes desenvolveram abordagens individuais para planejamento de currículo de educação em turismo e hospitalidade e os artigos apresentados nesta seção foram incluídos como um "aperitivo", para demonstrar a variedade de abordagens. Porém, é importante enfatizar que isso talvez seja uma visão superficial de um assunto extenso e seria interessante investigar, em maiores detalhes, algumas idéias e questões levantadas nesta Seção de Estudo.

3
Seção de Estudo

Ensino na Educação em Turismo e Hospitalidade

3 *Seção de Estudo*

Estudo Sugerido

Objetivos da Seção

No final desta Seção de Estudos, você será capaz de:

- Identificar e discutir as maiores tendências na provisão do treinamento e educação em turismo e hospitalidade;

- demonstrar um entendimento de frases-chave como reconhecimento para aprendizado experimental, modulação, transferência de crédito, treinamento baseado em informática e ensinamento assistido por ela;

- examinar e avaliar abordagens de ensino da educação em turismo e hospitalidade e métodos de avaliação; e

- reconhecer que essas tendências emergiram da combinação da natureza da área e das necessidades distintas da indústria.

Visão Geral da Seção de Estudo

Já apresentamos, em detalhes, as características distintas que fazem do turismo e da hospitalidade partes de outras indústrias e matérias: seria interessante você dar uma olhada na Seção de Estudo 1, para relembrar. Como você

Características distintas

deve lembrar, essas características têm um impacto importante em vários aspectos do estudo em turismo e hospitalidade, incluindo a expedição de treinamento e educação que envolve:

Aspectos negativos

Métodos de ensino adaptado

- O turismo, em particular, tem sido visto historicamente como uma matéria mais apropriada para enriquecer e exemplificar outras disciplinas. Como resultado, métodos de ensino, que são específicos de turismo e hospitalidade e que complementam sua apresentação, não foram ainda totalmente desenvolvidos e têm sido, quase sempre, só adaptados (algumas vezes mal) de outras disciplinas.

Falta de organização integrada

- Devido o turismo e, em nível menor, a hospitalidade serem ainda relativamente imaturos, as definições teóricas aparentes em disciplinas estabilizadas são um pouco inadequadas. Como resultado, a educação em turismo e hospitalidade não têm a organização integrada ou os contextos que caracterizam outras disciplinas. Isso freqüentemente leva a uma abordagem fragmentada.

Isso tem implicações óbvias para o ensino da educação em turismo e hospitalidade: se a perspectiva de visão geral estiver faltando ou for incompleta, como podem os educadores desenvolver uma abordagem holística para a comunicação de idéias e informações, quando conclusões relacionadas à "grande escala" ainda não foram resolvidas?

Brechas no conhecimento total

- Como já discutimos na Unidade de Estudo 6, a relativa imaturidade do turismo (e em um nível menor da hospitalidade) significa que, em termos de pesquisa, ainda há muitas brechas no conhecimento total que precisam ser suprimidas. Sem pesquisa, a disponibilidade de dados é limitada e a informação necessária para desenvolver teorias e modelos também é escassa. Então, a progressão do conhecimento total para educação em turismo e hospitalidade está obstruída e isto influenciará negativamente na qualidade da informação e no seu ensino.

Tensão entre educador e indústria

- A tensão que existe entre educadores e indústria, uma questão que será discutida em maiores detalhes na Unidade de Estudo 10, pode também ter implicações na educação a distância em turismo e hospitalidade.

Enquanto o relacionamento entre educadores em hospitalidade e a indústria está longe da perfeição, para que um conhecesse o outro relativamente bem levou muito tempo. Para os educadores em turismo, porém, a indústria e a educação em turismo são relativamente novas e o relacionamento, então, permanece bastante irregular.

Como resultado, as necessidades da indústria têm sido comunicadas sem eficiência aos educadores e, conseqüentemente, os currículos desenvolvidos não conseguem equipar os estudantes adequadamente. Então, apesar de algo estar sendo ensinado, pode não ser exatamente o requisitado pela indústria.

Comunicação não efetiva das necessidades da indústria

Você provavelmente será capaz, por experiência própria, de identificar outras questões que surtirão efeito na educação a distância em turismo e hospitalidade, ou talvez prefira examinar melhor ou elaborar as questões identificadas anteriormente.

Agora vamos voltar nossa atenção para alguns aspectos do turismo e hospitalidade, que são benéficos ao ensino em termos educacionais e que ajudarão a facilitar uma abordagem mais atual para sua expedição.

Aspectos benéficos

- Quase todos os estudantes já tiveram experiências turísticas de uma maneira ou de outra e serão, então, capazes de se relacionar com muitos dos problemas e questões. Em particular, essa experiência de primeira mão lhes permitirá, por exemplo, identificar e entender melhor os impactos positivos e negativos do turismo, porque eles os viram com os próprios olhos. Os educadores devem estar atentos a este aspecto ao prepararem o programa e metodologia de ensino dos cursos, de modo a capitalizar as várias experiências individuais dos estudantes e aplicá-las no processo de aprendizado.

Experiência de primeira mão em turismo

- Turismo, e também hospitalidade, estão cada vez mais sendo aceitos pela comunidade acadêmica. A maneira como se manifestam é pelo crescimento do número de conferências e seminários que têm sido organizados e estão fornecendo um fórum para discussão de uma variedade de questões associadas ao assunto.

Crescimento de fórum para discussão

A comunicação formal e informal entre educadores e a indústria facilita a interação e a discussão. Como resultado, experiências são compartilhadas, brechas no conhecimento total são identificadas e parcerias para pesquisa são formadas. Educadores irão reinvestir algumas das informações e conhecimentos na reformulação de seus programas e no conteúdo dos currículos, provendo benefícios para estudantes (por exemplo, cursos mais interessantes e relevantes) e para eles mesmos (por exemplo, visão mais atual dos problemas).

Comunicação entre educador e indústria

- Finalmente, apesar da brecha entre a indústria e a educação ainda ser grande, existe um reconhecimento crescente, de ambas, da necessidade de cooperação. Por exemplo, há um número elevado de comitês executivos que facilitam a troca de idéias entre educação e indústria e discutem a necessidade de currículo e "design" de curso.

Reconhecimento da necessidade de cooperação entre indústria e educação

Além disso, onde o relacionamento é forte, a indústria pode fornecer aos educadores a oportunidade de introduzir e utilizar métodos de ensino, que não estavam previamente disponíveis, como viagens de campo, visitas a locais. Algumas vezes, a indústria poderá até fornecer problemas reais, que os estudantes terão que resolver.

Oportunidade para desenvolver métodos de ensino

Então, a educação em turismo e hospitalidade se presta ao desenvolvimento de métodos de ensino, que podem não estar disponíveis em outras matérias ou disciplinas. Porém, existe um número de problemas que deve ser resolvido para que o potencial total desses modos de ensino seja reconhecido e desenvolvido, que será tratado na Unidade de Estudo 9. A próxima Unidade de Estudo se preocupa em fornecer contexto e visão gerais das tendências em na educação a distância como uma só unidade.

Unidades de Estudo

8. Tendências na Provisão do Treinamento e Educação em Turismo e Hospitalidade

9. Abordagens a distância da Educação em Turismo e Hospitalidade

Unidade de Estudo 8

Tendências na Provisão do Treinamento e Educação em Turismo e Hospitalidade

8.1 Introdução

8.2 Aprendizado a Distância

8.3 Modulação

8.4 Planos de Transferência de Acúmulo de Crédito (CATS)

8.5 Reconhecimento do Aprendizado Experimental Prévio (APEL)

8.6 Educação Contínua

8.7 Treinamento com Base na Informática (CBT) e Aprendizado com Assistência da Informática (CAL)

8.8 Ensino a Distância de Curso - Perspectiva Européia

8.9 Para Pensar

8
Tendências na Provisão do Treinamento e Educação em Turismo e Hospitalidade

8.1 Introdução

A Unidade de Estudo 9 é dedicada à avaliação de métodos de ensino e apresentação de questões associadas mas, antes, considera-se uma visão mais geral de tendências atuais e desenvolvimentos que existem no contexto de ensino. Estes são aplicáveis a quase todas as disciplinas e matérias e não são enquadradas apenas em turismo e hospitalidade. Porém, quando possível, forneceremos exemplos específicos de turismo e hospitalidade para ilustrar o caso.

Tendências e desenvolvimento do ensino

8.2 Aprendizado a Distância

Como você está passando por uma experiência de módulo de aprendizado a distância, estará bastante consciente do crescimento de programas que visam ou não a certificados e cursos disponíveis de aprendizado a distância.

Aprendizado a distância

Algumas vezes, cursos são oferecidos de modo mesclado, nos quais aprendizado a distância é apenas uma das opções ou alternativas; outros são oferecidos totalmente como aprendizado a distância.

Universidade aberta

O mais famoso fornecedor de aprendizado a distância do Reino Unido é a Universidade Aberta, pioneira no método na década de 60 e que desenvolveu a reputação de inovação e excelência. A universidade tem promovido cursos de aprendizado a distância há mais de 30 anos e, dado o grande número de estudantes atendidos, desenvolveram-se sistemas extensivos de apoio aos estudantes, que incorporam conselheiros, tutores e grupos de estudo supervisionados.

Material de desenvolvimento

A Universidade Aberta também tem sido responsável por desenvolver material de aprendizado a distância com perfeição: métodos de ensino incluem vídeos e fitas cassetes, manual auto-explicativo, slides e computadores. Além disso, a Universidade Aberta também se tornou a maior produtora de programas de televisão que complementam os cursos de aprendizado a distância e que foram planejados, especificamente, para o consumo estudantil.

Alta desistência

Um dos maiores problemas com o aprendizado a distância como um modo de ensino é que, inevitavelmente, um alto número de alunos desiste. Até mesmo onde um serviço sofisticado de apoio aos estudantes é posto à disposição, a ausência da interação tradicional (regular) cara a cara entre alunos e tutores leva ao sentimento de solidão que muitos alunos, particularmente os maduros, não conseguem superar.

HCIMA

Em termos de turismo e hospitalidade, existem agora várias organizações que desenvolvem seu próprio programa de aprendizado a distância. Por exemplo, o HCIMA desenvolveu um programa permitindo aos seus membros estudar suas qualificações. Além disso, materiais de aprendizado a distância para supervisores, gerentes em treinamento e gerentes foram também desenvolvidos pela Companhia de Treinamento de Buffet e Hotel (HCTC) e o reconhecimento nacional de qualificação profissional está sendo requisitado através do novo programa de gerenciamento operacional da companhia.

Educação pós-experimental nos Estados Unidos

Nos Estados Unidos, o material de aprendizado está se tornando cada vez mais importante na educação pós-experimental de gerenciamento em hospitalidade. Existem vários fornecedores de aprendizado aberto e o material de treinamento está baseado em tecnologia (interativo), mas os maiores fornecedores são o Instituto Educacional do Campus da Universidade Estadual de Michigan e a Associação Americana de Motel e Hotel.

Essa instituição desenvolveu uma grande variedade de materiais de aprendizado a distância (sendo a maioria texto e vídeo) para treinamento operacional na indústria, além de um grande número de módulos de treinamento em gerenciamento. O último é dirigido àqueles em postos médios de gerência ou de supervisão e oferecido como curso único ou integrado como programa de prêmio.

O propósito dos programas é aumentar o acesso às qualificações profissionais de candidatos aos estudos que, de outra maneira, não teriam a chance de cursar tais programas. A flexibilidade adicional em termos de local (por exemplo, não tendo que ir ao curso) e de tempo (por exemplo, quando o estudo será feito) é essencial. É claro que, a instituição desenvolvendo o material, existe também o benefício de aumentarem as oportunidades de mercado e sua viabilidade comercial.

Aumento do acesso às qualificações profissionais

Aprendizado a distância como um modo de ensino educacional é uma área em rápido crescimento. Várias organizações de diversos setores estão começando a reconhecer o valor do acesso abrangente para estudantes e aumentando a flexibilidade do ensino a distância. Porém, é essencial que o lado negativo do aprendizado a distância não seja esquecido pela instituição e que todo esforço seja feito para assegurar que bem-estar e apoio ao aluno sejam considerações centrais.

Crescimento rápido

8.3 Modulação

Flexibilidade em educação foi o conceito-chave dos anos 90. A abordagem no Canadá e nos Estados Unidos tem tentado, por alguns anos, oferecer um produto de educação mais flexível, mas a idéia ainda é relativamente nova na Europa.

Flexibilidade

Modulação é uma característica central da abordagem flexível e se refere ao processo no qual os cursos são divididos em áreas de estudo autocontidas, que refletem um tema ou tópico claramente definido. Cada módulo normalmente representa uma matéria (por exemplo, gerenciamento de hotel, planejamento de turismo e desenvolvimento) e, já que os limites são claramente definidos, é possível estudar módulos individuais como partes de um curso formal ou de qualificação.

Modulação

Alguns cursos, por exemplo, têm como objetivo atrair praticantes, sendo oferecidos em meio-período. Já no aprendizado a distância, os cursos podem ser feitos acumulando créditos, visando a um prêmio ou qualificação, ou podem ser organizados com o propósito de atualização ou reabilitação. A estrutura desse tipo de curso faz com que seja possível aos alunos escolher os elementos ou módulos considerados mais interessantes ou apropriados. Caso

Módulos escolhidos sob medida para cursos

o curso não seja modular em sua apresentação, será muito mais difícil aos estudantes escolherem os aspectos relevantes e desenvolverem seus próprios cursos, da maneira que melhor atendesse às suas necessidades e interesses.

Acesso mais amplo

Os benefícios da modulação são auto-evidentes. Permite aos alunos fazer cursos sob medida (em maior ou menor escala, dependendo do nível e tipo) e facilita a atualização seletiva e a reabilitação. Além disso, a modulação de programas também é instrumental, ampliando o acesso dos estudantes aos programas educacionais, especialmente os que podem ter tido aprendizado experimental prévio ou qualificações obsoletas. Isso será mais explorado na próxima seção.

8.4 Planos de Transferência de Acúmulo de Crédito (CATS)

CATS

CATS é o desenvolvimento que acompanha o processo de modulação e é, mais uma vez, um sistema planejado para facilitar a mobilidade do aluno e fornecer uma abordagem mais individualizada do aprendizado.

Facilita a mobilidade

Os módulos que atraem créditos estão sendo implementados ou planejados por instituições que querem encorajar e assistir o CATS como forma de transferir créditos entre instituições e cursos. Então, por exemplo, se o conteúdo de um módulo for similar entre cursos e instituições de nível compatível, os alunos serão capazes de receber crédito em uma instituição e transferi-lo para outra correspondente.

NVQs

Modulação mais complexa em educação superior

Obviamente, o sistema para transferência de crédito é bastante complexo, mas em muitos países já está em operação: a introdução, no Reino Unido, das Qualificações Vocacionais Nacionais (NVQs) foi um importante desenvolvimento instrumental tornando o processo de acúmulo de crédito e transferência muito mais fácil de ser entendido. Em educação superior, onde a modulação de cursos é uma façanha mais complexa (já que conhecimento e inabilidade identificáveis, são as questões), a comparação direta de módulos é mais difícil. Isso pode ser atribuído, até certo ponto, ao fato de que acadêmicos nessas instituições acreditam passivamente no conceito de liberdade acadêmica, que fornece a visão do conteúdo de um módulo da maneira que mais corresponda a seus próprios interesses e habilidades. Então, por exemplo, um módulo intitulado gerenciamento de hotel em uma instituição pode ter abordagem e enfoque completamente diferentes de um módulo com o mesmo nome em outra instituição, devido à forma como ele foi desenvolvido pelo educador.

Não obstante, apesar das dificuldades nos níveis superiores, CATS é uma inovação importante e certamente melhorará as transferências entre cursos e instituições, reforçando a tendência da educação centralizada no estudante.

CATS melhora a transferência

8.5 Reconhecimento do Aprendizado Experimental Prévio (APEL)

APEL é um conceito que complementa as tendências de modulação em todos os níveis de educação e treinamento. APEL permite que os créditos sejam contados para uma qualificação baseada na evidência de conquistas de um indivíduo. Assim, o histórico de uma pessoa pode ser levado em conta, quando consideramos créditos na forma de qualificações e aprendizado experimental prévios.

APEL

Experiência prévia

A modulação de cursos facilita a APEL, especialmente em níveis mais baixos de educação e treinamento, nos quais módulos de conteúdo definidos já cursados podem ser comparados ao conteúdo do módulo que o estudante está tentando dispensar. Além disso, onde o aprendizado experimental está sendo considerado, é possível identificar experiências prévias relevantes e compará-las ao módulo proposto, para avaliar se o aluno já possui ou não a competência que seria desenvolvida como resultado do módulo.

8.6 Educação Contínua

Existe uma tendência crescente, em muitos países europeus e também nos Estados Unidos, em aplicar cursos de educação contínua. Educação contínua (CE) refere-se a cursos oferecidos como parte de atualização profissional programada para pessoas que já sejam atuantes no mercado e cujo número vem aumentando.

Muitas instituições educacionais, por exemplo, oferecem programas de verão ou programas de desenvolvimento de gerenciamento planejados para atualizar e reabilitar indivíduos em seus campos de escolha, Alguns programas oferecem crédito aos alunos que cursam CE, ofertando outras qualificações industriais reconhecidas.

Planejados para atualizar e reabilitar

Ensino a distância está mudando

O ensino a distância do CE tem sido tradicionalmente caracterizado por atividades, discussões e cobranças diretas. Porém, o mecanismo do ensino está mudando e meios como aprendizado a distância estão se tornando mais comuns e mais importantes. Por exemplo, esta leitura a longa distância, é uma forma de atividade CE porque um dos principais objetivos do módulo é a atualização do profissional. Indo além, é possível argumentar que freqüência a conferências é também uma forma de atividade de CE, já que elas têm um importante papel na atualização.

Tendências de acúmulo de crédito em CE

Adicionalmente, existe também uma tendência em CE de acúmulo de crédito por presença em cursos de curta duração e, em aprendizado a distância, tais créditos serão aceitos, eventualmente constituindo um certificado reconhecido. A flexibilidade de modo mesclado significa que estudantes podem continuar com suas responsabilidades profissionais e, simultaneamente, ser reabilitados e receber um certificado reconhecido.

Flexibilidade de modos mesclados

Treinamento na companhia

Treinamento na companhia pode também ser visto como outro tipo de atividade de CE: afinal de contas, tem como meta reforçar o conhecimento dos empregados e assisti-los de forma que consigam maior eficiência em seus cargos. Muitas das grandes companhias na indústria da hospitalidade, em particular, oferecem programas abrangentes em todos os níveis, desde o operacional até os de gerência e supervisão. A maioria dos programas é bem estruturada e benéfica ao empregado. Infelizmente, porém, eles raramente são reconhecidos e não contam como créditos que poderiam ser acumulados para um certificado externo.

8.7 Treinamento com Base na Informática (CBT) e Aprendizado com Assistência da Informática (CAL)

CBT ou CAL estão começando a exercer mais que apenas influência na educação a distância e treinamento. O crescimento da disponibilidade de uma grande variedade de "softwares" e a baixa nos preços associados à compra aumentam cada vez mais o acesso a esse modo de ensino.

"Software" – suplemento para programas tradicionais

Você pode ter tido experiência, na sua própria instituição, de "software" planejado para a disseminação de informação aos estudantes, assistindo-os no desenvolvimento de habilidades relevantes. Existe, hoje, um grande número de programas para contabilidade disponíveis, explicando princípios básicos de balanço, lucros e perdas para alunos de contabilidade. Alguns departamentos educacionais, passando por um grande aumento no número de alunos, estão pensando em introduzir tais "softwares" para comunicar os conhecimentos básicos em nível introdutório – como, por exemplo, no primeiro ano – como um suplemento dos métodos de ensino tradicionais em aulas expositivas e apostilas. Os benefícios do CAL/CBT permitem que os estudantes trabalhem no seu próprio ritmo: eles podem permanecer em uma tela até que entendam totalmente o princípio. Porém, é muito importante o nível de qualidade do "software" e os responsáveis por compra, planejamento e introdução dos cursos básicos de informática devem estar de acordo com os objetivos do curso no qual o "software" será usado e ser conhecedores do assunto, para que possam julgar os méritos ou fraquezas dos diversos pacotes de "software".

Pouco foi escrito ou publicado sobre inovações em modos de ensino a distância que possa ser de interesse ou relevância para os educadores em turismo e hospitalidade. Porém, *Sussman e Vegas* (1992) produziram um artigo interessante que se refere ao protótipo de administração para a indústria hoteleira. Enquanto o artigo se relaciona especificamente à hospitalidade, alguns dos princípios podem ser adaptados ao turismo, sendo, portanto, uma contribuição útil para a área.

Inovações em ensino a distância

Em geral, CBT/CAL ainda estão engatinhando, mas têm potencial para se tornarem um modo importante de ensino a distância no futuro, especialmente quando o número de alunos aumentar. Se você tiver acesso a "software", poderá querer pensar na maneira mais apropriada de usá-lo em termos de ensino a distância e aplicação, por exemplo, em conjunto com um modo novo de ensino a distância ou como suplemento de métodos tradicionais de ensino.

Desde que esteja consciente das limitações do "software" – principalmente quando ele for planejado para substituir uma aula tradicional ou um manual e não para complementá-los – existem grandes benefícios que podem ser colhidos por seus alunos. Você também pode aprender algo novo e valioso.

8.8 Ensino a Distância de Curso: Perspectiva Européia

Antes de continuarmos a observar técnicas e métodos que você poderá utilizar na Unidade de Estudo 9, recomendamos que leia sobre algumas formas mais populares de ensino a distância da educação em turismo e hospitalidade na União Européia (EU). A partir de tal informação, você será capaz de discernir algumas tendências de ensino a distância que foram examinadas e tirar suas próprias conclusões sobre a melhor maneira de educação a distância em turismo e hospitalidade.

Variedades de tipos e níveis de treinamento na União Européia

Por exemplo, o Instituto Europeu de Educação e Regras Sociais (EIESP) (1991) indica uma variedade de tipos e níveis de treinamento e educação disponíveis em muitos países da União Européia e os diferentes métodos de ensino a distância de treinamento e educação em turismo e hospitalidade. Você notará, pelo EIESP (1991), que predominam estudos de período integral como um modo de ensino a distância, enquanto meio-período e auto-estudo não são formas incomuns de treinamento e educação em turismo e hospitalidade. Cada vez mais as instituições e organizações que oferecem educação e treinamento estão procurando, fora dos modos tradicionais e estabelecidos de ensino a distância, um novo (e atraente) método de estudo, que aumentará o acesso do aluno a cursos e que seja instrumental, elevando o nível da educação profissionalizante na indústria do turismo e hospitalidade.

8.9 Para Pensar

É importante refletir as possíveis implicações dessas inovações no seu próprio ensino. Você poderá lembrar de suas experiências pessoais para identificar outras tendências na educação a distância em turismo e hospitalidade, especificamente. Na Unidade de Estudo 9, vamos verificar outras maneiras possíveis de educação a distância em turismo e hospitalidade e as alternativas disponíveis para ajudar seus alunos a enriquecerem os estudos e desenvolverem novas habilidades.

Unidade de Estudo 9

Abordagens de Educação a Distância em Turismo e Hospitalidade

9.1 Introdução

9.2 Trabalho de Campo e Visitas a Localidades

9.3 Estudos de Caso e Exercícios Práticos

9.4 Métodos de Avaliação na Educação em Turismo e Hospitalidade

9.5 Para Pensar

9
Abordagens de Educação a Distância em Turismo e Hospitalidade

9.1 Introdução

Na Unidade de Estudo 8, foram apresentadas as tendências da educação que se aplicam a quase todos países desenvolvidos. Nesta Unidade de Estudo, o foco muda e abordagens mais específicas que podem ser adotadas por educadores em turismo e hospitalidade são enfatizadas. As técnicas não são necessariamente apenas aplicáveis aos estudos de turismo e hospitalidade, mas em outros campos sua aplicação é limitada.

Abordagens específicas

Vamos abordar modos de educação a distância como trabalho de campo, visitas a localidades, estudos de caso e exercícios práticos e estudá-los um a um. Você deve estar familiarizado com alguns deles, mas ainda deve estudar a informação apresentada: foi incorporada uma melhor prática, visando demonstrar uma abordagem e, a partir desse ponto de vista, é importante que leia toda a unidade.

Porém, um ponto importante que você deve notar antes de continuar é que, enquanto esta abordagem traz grandes benefícios, requer habilidades muito especiais dos educadores em turismo e hospitalidade. Eles devem, por exemplo, ser capazes de selecionar os destinos mais apropriados para exercícios de trabalho de campo, seguros de que os estudantes estão bem preparados para a atividade e devidamente equipados (e avisados) para tirar o melhor proveito possível das visitas. Resumindo, educadores devem ser responsáveis por fornecer aos estudantes as habilidades que assegurem o benefício máximo alcançado em uma atividade prática.

Antes de concluirmos esta Unidade de Estudo, examinaremos métodos de avaliação em relação ao estudo de turismo e hospitalidade e introduziremos alguns conceitos importantes para seu conhecimento.

9.2 Trabalho de Campo e Visitas a Localidades

Trabalho de campo e visitas a localidades

Muito pouco foi formalmente publicado para educadores em turismo e hospitalidade que detalhe habilidades e conhecimentos necessários para organizar efetivamente e executar viagens de trabalho de campo e visitas a localidades. Porém, foi aqui desenvolvido um esboço, que procura assegurar que educadores e estudantes sejam capazes de bem aproveitar tais atividades.

Conhecimento anterior

Os estudantes devem receberem todas as informações dos educadores antes da visita. O aluno (e, por definição, o educador) deve ter uma idéia clara do propósito e dos objetivos da visita. O ideal é que os estudantes participem de algum tipo de atividade, para focar suas mentes na atividade prática e, assim, garantir que o tempo gasto no local de destino seja utilizado da melhor maneira possível.

Informações adicionais

No dia da visita, o educador deve dar informações adicionais e oferecer ajuda aos alunos, quando necessário. Esses detalhes são importantes porque vão determinar um bom ou mau entendimento por parte do aluno, das informações relevantes e da sua concentração nos aspectos-chave do exercício e no local de destino.

Idéia clara dos objetivos

O procedimento, obviamente, requer habilidades especiais do educador: idéia dos objetivos gerais da visita, conhecimento específico das habilidades necessárias que devem ser desenvolvidas pelos alunos como resultado da visita. Também requer conhecimento prévio e familiaridade com o destino selecionado e uma idéia das questões e problemas relacionados aos locais de visita.

Finalmente, uma sessão de debates após a visita é essencial para resolver importantes questões, discutir idéias e opiniões formadas pelos estudantes. Isso permite um fértil intercâmbio e também assegura que aqueles estudantes que não foram totalmente beneficiados pela experiência tenham a chance de entender o que aconteceu de errado. Mais uma vez, educadores envolvidos nos debates devem desenvolver habilidades de pré-identificação de áreas que seriam causa de preocupação ou de má interpretação pelos estudantes.

Debate após a visita

Na prática, é muito difícil planejar e executar uma visita de campo com sucesso. Isso requer pré-planejamento, conhecimento especializado de todos os aspectos pertinentes ao destino e a habilidade de abraçar toda informação relevante para os estudantes.

9.3 Estudos de Caso e Exercícios Práticos

Estudos de caso e exercícios práticos podem exercer diferentes funções: devem estar incorporados ao ensino regular, para destacar e avivar a matéria e juntar os pontos individuais de um curso ou módulo. Alternativamente, podem também ser usados como uma forma mais criativa de avaliação. Ambas as possibilidades serão agora desenvolvidas.

Estudos de caso são técnicas comuns em educação de administração, particularmente nos Estados Unidos, onde se espera que os estudantes entendam princípios gerais de uma gama de estudos de caso cuidadosamente elaborados. Na educação em turismo, estudos de caso são também importantes instrumento de integração, que auxiliam os estudantes a entender elementos críticos de turismo com informação de outras disciplinas, como gerenciamento de finanças ou recursos humanos. Isto supera um problema particular de educação em turismo – quando elementos do conhecimento total são separados para o ensino, corre-se o perigo de sacrificar a visão geral. Por exemplo, os impactos do turismo são normalmente divididos em ambiental, social e econômico; porém, são relacionados e interligam-se. Além do mais, o setor também tem ligações estreitas com outras áreas de estudo de turismo como marketing, planejamento e até mesmo história do turismo, em algumas situações. Estudos de caso são uma maneira efetiva de ilustrar esses importantes elos e relacionamentos.

Estudos de caso – instrumentos de integração

Estudo de caso ilustra princípios

Obviamente, isso significa que os estudos de caso devem:

- Ser cuidadosamente planejados e desenvolvidos;
- ter material de apoio e uma excelente explicação aos alunos;
- incorporar dois ou mais elementos do conhecimento total;
- se encaixar na progressão e avaliação do material de curso;
- ilustrar claramente os princípios gerais que emergem dos estudos de caso; e
- ter resultados claros e precisos quanto ao aprendizado.

Na verdade, conquanto estudos de caso em turismo possam ser vistos por alguns como estudo direto de um destino ou companhia, na realidade devem ser muito bem pensados e planejados para que sejam métodos eficientes de ensino.

9.4 Métodos de Avaliação na Educação em Turismo e Hospitalidade

Seria interessante você rever a Unidade de Estudo 4, onde encontrará o modelo desenvolvido por *Elton* (Fig. 4.8). Verá que comentários relacionados à avaliação enfatizam a importância de selecionar um método apropriado para os tipos de habilidades cognitivas que os educadores estão tentando desenvolver nos alunos.

Avaliação alternativa

Verá, pelo modelo, que *Elton* apenas relatou os métodos mais tradicionais de avaliação que você esperaria encontrar em disciplinas mais bem estabelecidas. Seria interessante ponderar e refletir sobre quais habilidades cognitivas devem ser testadas por algumas das técnicas discutidas nessa Unidade de Estudo, especificamente trabalho de campo, exercícios práticos, estudos de caso e visitas a localidades.

Devíamos sugerir que os métodos introduzidos são apropriados para educadores em turismo e hospitalidade que estejam preocupados em testar habilidades de ordem elevada como análise, síntese e avaliação: em outras palavras, as habilidades intelectuais do aluno. Porém, a identificação de tipos de habilidades cognitivas não é a única consideração quando selecionamos métodos de avaliação. A escolha da técnica deve assegurar que outros critérios também serão garantidos. Por exemplo, os objetivos preestabelecidos do curso devem ser levados em consideração, bem como as metas. Além do mais, existe uma variedade de outros fatores que devem ser reconhecidos, quando educadores estão selecionando os métodos mais apropriados de avaliação. Alguns deles estão listados abaixo:

Fatores apropriados para a seleção de métodos de avaliação

- O método de avaliação deve unir os fundamentos básicos de uma matéria às idéias mais abstratas e conceituais.

- A natureza do projeto durante qualquer curso deve ser progressiva, para garantir que aquela matéria seja absorvida como um todo e o entendimento do aluno seja desenvolvido.

- O método de avaliação selecionado deve garantir que o aluno desenvolva:
    – Abordagem analítica e crítica do estudo de turismo e hospitalidade;
    – entendimento das questões que envolvam turismo e hospitalidade; e
    – entendimento da indústria, sua estrutura e operação.

- O método de avaliação selecionado deve ser apropriado para nível e tipo de curso em discussão.

Em geral, os critérios que determinam o método de avaliação selecionado têm:

(i) que se adaptar ao curso como um todo, e

(ii) garantir uma série de objetivos específicos.

Finalmente, enfatiza-se que os educadores devem encarar a avaliação em seu contexto mais amplo e não devem, portanto, ter como única meta julgar o aluno (apesar de que isso deva ser um dos propósitos). Eles devem também levar em consideração os fatores introduzidos e discutidos anteriormente, para que os alunos sejam beneficiados pela avaliação e desenvolvam outras habilidades, não apenas a de como fazer um exame.

Como um educador em turismo e hospitalidade, você deve ter uma idéia muito clara do objetivo, quando está planejando uma avaliação. Deve garantir que a avaliação não seja apenas uma fita métrica pela qual os alunos são medidos. Uma das maneiras de atingir tal objetivo é definir as habilidades que você espera que os alunos desenvolvam durante a avaliação e, para ajudá-lo, introduzimos dois conceitos: pensamentos vertical e horizontal.

Objetivos da avaliação

RELACIONAMENTOS VERTICAIS

```
                         Apresentação
            ┌───────────────┼───────────────┐
    Mais detalhes de                    Utilização de material
    1. Material tópico                  para pesquisas futuras
    2. Material arrecadado
       pelo aluno
            │                                   │
    Perfil de estatística               Avaliação e integração
    Recursos turísticos                      de materiais
    Indústria turística
            │               Avaliação e               │
            │              integração de
            │                materiais
            │                                         │
            │                                  Localização de
            │                                  fontes na biblioteca
            │            Recebimento de materiais
            │                    │                    │
    Localização dos      Cartas para a embaixada   Uso do índex
    Países Baixos        dos Países Baixos e       da biblioteca
                         autoridade turística
```

Figura 9.1 – Relacionamentos verticais.

Habilidades qualitativas de pesquisa

Examinando os relacionamentos verticais em primeiro lugar, você pode ver, pela Figura 9.1, que esse tipo de abordagem incentiva o aluno a pesquisar um problema em profundidade, por meio da arrecadação de informações para desenvolver um trabalho especializado. A ênfase é na aplicação de habilidades qualitativas de pesquisa e a arrecadação de informação mais detalhada garante o conhecimento especializado em uma ou duas áreas.

Desenvolvendo o conhecimento total

Você deve lembrar, porém, que algumas áreas de turismo e/ou hospitalidade podem não necessariamente se prestar a esse tipo de investigação. Por exemplo, o conhecimento total em algumas áreas pode não ter progredido o suficiente para ocorrer uma avaliação detalhada, especialmente em um estudo de nível mais baixo. Porém, em nível de mestrado, seria interessante incentivar os alunos a desenvolverem sozinhos a base do conhecimento existente para adicioná-la ao conhecimento total e, em nível de doutorado, você certamente esperará que os alunos abracem um estudo que traga progresso ao conhecimento total, desenvolvendo uma área ainda não traçada.

Passando para relacionamentos horizontais, você pode ver, na Figura 9.2, que ao tentar fazer com que os alunos pensem dessa maneira, estará incentivando uma análise muito mais superficial de um problema para o qual os alunos deverão desenvolver uma visão geral. O aluno deverá, por exemplo, adquirir informações de outras disciplinas, para apresentar uma idéia geral. A ênfase é no desenvolvimento de habilidades quantitativas de pesquisa visando à integração de uma variedade de idéias e perspectivas, para apresentar um trabalho mais genérico.

Desenvolvimento de habilidades quantitativas de pesquisa

Qualquer uma das abordagens é aceitável, desde que a selecionada vá ao encontro das habilidades desenvolvidas pelos alunos após a avaliação e que sejam as previstas pelo educador, ao planejar a avaliação.

RELACIONAMENTOS HORIZONTAIS
A habilidade de avaliar o impacto do turismo

Sociologia Psicologia	Economia	Geografia Ecologia
Fatores que levam à medida e ao entendimento de impactos sociais e culturais	Introduz a idéia de multiplicadores e a contribuição do turismo	Introduz técnicas e avaliações de impacto ambiental para a economia

Figura 9.2 – Relacionamentos horizontais.

9.5 Para Pensar

Ao planejar avaliações para os alunos, existem vários fatores críticos aos quais você deve se ater. O primeiro, e mais importante, é que as avaliações não devem ser planejadas apenas para julgar um estudante, embora este possa ser o propósito. Você deve lembrar que tipos de habilidades está incentivando os estudantes a desenvolverem. Você deve pensar quais os objetivos de curso está querendo articular e como pretende que os estudantes demonstrem evidências de ser capazes de atingi-los. Finalmente, deve pensar em avaliação no contexto do conteúdo do curso em geral e procurar desenvolver métodos que não simplesmente encorajem os estudantes a "despejar" em suas aulas teóricas, mas que procurem inspirá-los a desenvolver habilidades analíticas e de avaliação.

Desenvolver habilidades analíticas e de avaliação

4 Seção de Estudo

Questões para Educadores em Turismo e Hospitalidade

4 *Seção de Estudo*

Estudo Sugerido

Objetivos da Seção

Ao final desta Seção de Estudos, você deverá ser capaz de:

- Identificar e discutir algumas das mais importantes questões que os educadores em turismo e hospitalidade enfrentam; e
- avaliar suas possíveis implicações na educação em turismo e hospitalidade como um todo.

Visão Geral da Seção de Estudo

Nesse módulo, mencionamos muitas questões e problemas que precisam ser tratados pelos educadores em turismo e hospitalidade. Quando você começar a verificar o final da seção, é importante reiterar que muitos problemas e questões derivam da relativa imaturidade do turismo e relativa juventude da hospitalidade. Entretanto, há outros fatores que influenciam esta discussão: por exemplo, as dificuldades associadas ao posicionamento do turismo e da hospitalidade na organização como um todo e do portfólio das atividades acadêmicas.

O objetivo desta seção, entretanto, é discutir mais explicitamente algumas das maiores considerações que influenciarão o futuro da educação em turismo e hospitalidade. A lista a seguir identifica as principais áreas discutidas nesta Seção de Estudos. Não é um catálogo exaustivo de todas as questões na educação em turismo e hotelaria, mas fornece uma visão abrangente.

Questões

Para facilitar o entendimento e a referência, apresentamos as aplicações mais importantes das questões, isto é, para turismo ou hospitalidade, ou ambos, entre parênteses, para sua conveniência.

- Debate sobre a essência do currículo (turismo)
- Interface Indústria – Educação e Colocação no Trabalho (turismo e hospitalidade)
- Formação de mão-de-obra *versus* oportunidades de trabalho (turismo e hospitalidade)
- Questões relativas à qualidade (turismo e hospitalidade)
- Debate Educação – Treinamento (turismo e hospitalidade)
- Outras questões (hospitalidade)

É muito difícil dividir as questões em pequenas categorias, pois não há limites definitivos e cada uma exerce influência sobre as outras. Então, enquanto você trabalha em cada uma das questões, deve atentar para a maneira pela qual todas estão interligadas e como podem integrar matérias das áreas de turismo e hospitalidade como um todo.

4
Seção de Estudo

Unidades de Estudo

10. Questões

Unidade de Estudo 10

Questões

10.1 Debate sobre Currículo Básico

10.2 Interface Educação-Indústria

10.3 Questões sobre "Design" de Currículos

10.4 Visão Geral

10.5 Número de Formandos versus Oportunidade de Trabalho

10.6 Colocação de Trabalho

10.7 Questões de Qualidade em Educação em Turismo

10.8 Questões sobre Empregados

10.9 Treinamento versus Educação em Turismo e Hospitalidade

10.10 Questões de Hospitalidade

10.11 Para Pensar

10 Questões

10.1 Debate sobre Currículo Básico

Ao terminar a leitura desta seção, você terá observado muitos aspectos da educação em turismo, em particular no planejamento de currículos e exemplos de conteúdo de cursos. Você estará a par, apesar de todas as tentativas de padronizar os currículos em turismo, de que há ainda uma grande diversidade na maneira como os estudos de turismo, como matéria pedagógica, estão sendo ministrados e interpretados por educadores individuais e departamentos.

A diversidade de abordagem é um problema a menos, pois o turismo é tido como uma opção menor no currículo. Entretanto, onde as qualificações em turismo são oferecidas como matéria acadêmica nacional, algumas pessoas sugerem que, para manter os padrões no ensino do turismo e a quantidade de aprendizado do aluno, um currículo básico é essencial para o futuro do desenvolvimento da matéria.

Diversidade de abordagem de ensino

O debate acontece em vários países, incluindo o Reino Unido e a Austrália e parece que tende a continuar por algum tempo. Na verdade, a melhor introdução para um currículo comum básico seria, a princípio, um código de conduta, desde que rigorosamente aplicado e, para assegurar a conformidade do currículo básico, haveria dificuldade de fonte e aplicação do mesmo.

Razões para o currículo básico:
– Melhora a qualidade
– Minimiza o mau entendimento do conteúdo

As pesquisas realizadas demonstram um apoio considerável à abordagem de um currículo básico (uma pesquisa no Reino Unido revelou 82% de apoio dos educadores para tal conceito). Aqueles a favor da introdução de um currículo básico mínimo vêem a situação como uma tentativa de desenvolver uma abordagem baseada no consenso para ensinar turismo que, argumentam, seria instrumental ao elevar a qualidade total, desde que exista uma grande diversidade na maneira pela qual o turismo vem sendo interpretado e ensinado. Enquanto eles admitem que a diversidade no ensino é positiva e deve ser encorajada, ainda assim precisam definir uma boa prática e assegurar melhor coordenação do conteúdo do curso.

De acordo com seus defensores, a introdução de um currículo mínimo diminuiria o mau entendimento entre estudantes, quando se trata do que a qualificação em turismo envolve. Proporcionaria uma compreensão geral da indústria do turismo e também o que é esperado dos graduados no setor, quando saem dos cursos com maior nível de qualificação.

Razões contrárias:
– Inibe a criatividade e a inovação

Por outro lado, há opiniões de outros educadores envolvidos nos estudos de turismo, sobre o currículo básico mínimo não ser necessário nem apropriado. Eles não concebem a idéia de que um acordo estabelecendo os elementos desejáveis para um currículo mínimo elevaria o padrão de qualidade em ensinar ou aprender, para educadores ou estudantes. Dizem que tal acordo inibiria a criatividade e a inovação que existe atualmente no ensino do turismo.

Esses "anti-currículos básicos" podem não concordar com a Sociedade Britânica de Turismo que afirma "sem conceitos básicos estabelecidos para dar ao estudo visão compartilhada e integridade acadêmica, há o perigo óbvio que, em 1990, o turismo possa significar qualquer coisa que os educadores desejarem em seus próprios contextos e interesses particulares de suas instituições. Tal diversidade teria poucas vantagens em uma área de assunto relevante para um dos maiores setores da atividade econômica, ao redor do mundo e também no Reino Unido". Aqueles contrários à introdução de um currículo básico mínimo diriam a que liberdade acadêmica é preferível à liberdade restrita e pediriam aos educadores em turismo que busquem uma linha mestra para o currículo básico.

Você deve ter suas próprias opiniões e papéis de importância para o estudo de um currículo básico em turismo. Elas podem estar entre os dois extremos e incorporar a lógica de ambos. Entretanto, você tem conhecimento de que, se sugerirmos um debate como este, o mesmo, inevitavelmente, servirá de combustível para uma discussão maior.

Quais são as suas opiniões?

O resultado da polêmica pode ser influenciado por outras tendências de treinamento e educação. Por exemplo, a introdução de um currículo básico pode ser entendida como um movimento facilitador em direção à introdução de padrões nacionais de competência dentro do Reino Unido, assim como a harmonização das qualificações dentro dos Estados Unidos. Obviamente, uma abordagem padrão do conteúdo seria um instrumento para minimizar problemas relativos às diferenças de abordagens e conteúdos que estão, no momento, impedindo o desenvolvimento da estrutura do NVQ e CEDEFOP.

Abordagem padrão

A discussão sobre o potencial da introdução de um currículo básico tem outras implicações. Por exemplo, há possíveis efeitos na interface educação-indústria: se, como resultado de uma abordagem mais padronizada, a indústria tivesse um entendimento mais claro do que é constituído o turismo, ela poderia estar mais bem-disposta a absorver os graduados em turismo em um nível apropriado. A questão será discutida, a seguir, nesta Unidade de Estudo, mas vale a pena fazer a observação, caso o currículo seja mais bem planejado e aceito, haverá menos espaço para a indústria inserir seus próprios conceitos.

Atitude industrial

Também, o estabelecimento de um currículo básico levanta questões sobre sua compatibilidade com a tendência de estudo centrado no estudante, no treinamento e na educação: se o currículo for muito restritivo, ele certamente não poderá ser flexível o suficiente para encorajar os estudantes a uma abordagem mais liberal para o ensino e treinamento?

Se a introdução de um currículo básico melhoraria a qualidade da educação dada aos alunos é questionável – em qualquer matéria, a qualidade é muito influenciada pelo padrão de ensino: um bom educador em turismo provavelmente cobriria os conteúdos propostos de um currículo básico comum de qualquer maneira. Para equilibrar, sugeriríamos que a questão não é se um currículo básico deveria ser desenvolvido por um acordo nacional, mas se isso seria necessário para melhorar a qualidade da educação recebida pelos estudantes de turismo.

O currículo básico melhoraria a qualidade da educação?

10.2 Interface Educação-Indústria

Barreiras para a interface educação-indústria

O entendimento entre a educação em hospitalidade e turismo e a indústria da hospitalidade é uma tendência ainda em desenvolvimento. Há um número de razões pelas quais o relacionamento é tão difícil. Uma delas já apresentada – mas é válido reiterar e colocá-las em uma estrutura apropriada.

Diversidade do tamanho da indústria e setores

- A indústria da hospitalidade é extremamente diversificada, formada por setores e operações que podem contar com uma ou milhares de pessoas atuando em um só local ou distribuídas por vários países.

Definição não clara

Conseqüentemente, não há acordo real na definição entre indústria, educadores e governo sobre o que constitui o turismo. Isso torna muito difícil o desenvolvimento de programas educacionais apropriados. Afinal, fornecer um produto, no caso educação e treinamento, para um segmento de mercado não definido é o pior pesadelo das pessoas que lidam com marketing.

Dificuldade em determinar as metas da indústria

- É muito difícil desenvolver elos com o setor de turismo ou indústria da hospitalidade sem que um aliene as necessidades do outro. De um lado, os educadores devem investir um tempo considerável para tomar decisões, se desejarem um programa especial para satisfazer as necessidades de um setor claramente definido; ou devem se restringir a oferecer programas genéricos e que não se adequam às necessidades de setor algum da indústria do turismo.

- Mesmo se uma instituição educacional identificasse seus setores-alvo, não haveria garantias de que o setor como um todo estivesse interessado em empregar os formandos, mesmo se empresas maiores dentro dele tivessem uma significante influência no "design" de currículo.

Desconfiança de pequenos negócios

Como já discutimos, a indústria do turismo e hospitalidade ainda é dominada por pequenos negócios anualmente sujeitos a pressões e problemas de sazonalidade, alta rotatividade de empregados e baixa margem de lucros. Pressões comerciais e operacionais diárias deixam os empregadores com pouco tempo ou dinheiro para investir em treinamento ou educação, apesar das discussões e evidências afirmarem que o desenvolvimento dos empregados tem influência positiva na satisfação dos mesmos e na taxa de rotatividade.

- A questão também pode ser levada para outra direção. Desde que a indústria é dominada por negócios pequenos que geralmente são operações unitárias, existe a preponderância de que mesmo os empregadores têm pouca ou nenhuma educação formal e treinamento e que atribuem o sucesso somente ao seu trabalho árduo e experiente.

    Muitos empregadores, entretanto, possuem uma desconfiança nata de qualquer forma de educação ou treinamento e não têm nem inclinação nem a visão para reconhecer seu potencial e benefícios para as operações.

- A barreira final para o desenvolvimento de uma interface educação-indústria se refere à maneira como o turismo foi tradicionalmente apresentado no currículo. Por muitos anos, ele foi tratado como uma indústria para enriquecer disciplinas mais tradicionais. Só recentemente se transformou em área que vale a pena ser estudada e sua relativa imaturidade significa que as ligações com a indústria ainda estão num estágio inicial de evolução.

    Turismo visto como uma disciplina não tradicional

    Em níveis mais baixos de treinamento, a interface e o relacionamento entre a indústria e a educação são mais bem desenvolvidos. A indústria em nível operacional parece ser mais capaz de identificar suas necessidades – a maioria das quais baseada na habilidade e técnicas próprias – e as instituições de treinamento encorajam mais ativamente o "input" industrial no currículo e "design" de curso.

    Interface em níveis inferiores de treinamento

    Então, como pode ver, o desenvolvimento de um relacionamento entre educação e indústria é crivado de problemas potenciais. As instituições que lutam para cooperar com a indústria enfrentam uma luta de gigantes que requer paciência, flexibilidade e visão.

10.3 Questões sobre "Design" de Currículos

Educação e indústria estão ficando cientes de que existe uma lacuna entre elas e que ligações mais próximas só trarão benefícios para ambas. Sua própria instituição, por exemplo, pode estar tentando promover um relacionamento com a indústria ao estabelecer comitês que mantenham representantes de uma seção da indústria aconselhados por pessoas especializadas em educação nos requisitos dos currículos. Há várias razões pelas quais as instituições educacionais devem procurar esse tipo de acordo e o nível de influência real exercida pelos comitês executivos no desenvolvimento de cursos e currículos é variado.

Necessidade de melhor cooperação entre indústria e educação

Go (1981) fecha os olhos para a necessidade mútua de cooperação entre indústria e educação no seu texto, no qual também explora outras questões importantes relacionadas ao treinamento e educação para o turismo. Continuando com o mesmo tema, *Bernthall* (1988) identifica corretamente algumas das implicações industriais e educacionais de uma contínua falta de comunicação de ambos os "lados" e alerta para o risco de os educadores desenvolverem currículos que reflitam áreas somente de seus interesses ou habilidades pessoais.

Equilíbrio e compromisso

Bernthall também reforça a importância de equilíbrio e compromisso nos papéis da educação e da indústria no "design" de currículos. Sugere que é potencialmente perigoso para a indústria ter o controle total e o currículo simplesmente refletir as habilidades e interesses dos educadores. *Bernthall* diz que a indústria e os educadores devem entrar em acordo para assegurarem que as necessidades de ambos sejam contempladas e que a estabilidade do currículo seja mantida. Sugere que, enquanto a contribuição da indústria não for válida, sua influência deve ser temperada e a palavra da indústria não deve ser a lei.

Mudança para benefícios de longa duração

Além disso, ele também sugere que mudanças deveriam ser implementadas somente quando fossem ganhos benefícios de longa duração: ele diz que ninguém se beneficiará de um curso ou programa de estudos cujo conteúdo seja alterado toda semana ou mês. As instituições que perseguem uma política de cortes e mudanças só se prejudicam comprometendo sua credibilidade acadêmica. Enquanto o "input" da indústria for importante, os educadores devem reter o controle sobre o currículo.

Ao mesmo tempo em que *Berthall* focaliza os problemas potenciais da miopia do "design" de currículos, *Burton* (1988) se concentra nos problemas derivados caso o tipo de gestores necessários para a indústria do turismo não seja formado pelo sistema educacional. *Burton* especifica a abordagem de uma faculdade para desenvolver um fórum de discussão entre educação e indústria.

Você pode achar que o artigo de *Burton* especifica uma abordagem muito particular, idealista e não aplicável em níveis nacionais ou internacionais. Entretanto, se achar que o exemplo de *Burton* é simplista e não abrange as complexidades de envolver a indústria no "design" de currículos, sua premissa é bem fundada. Com desenvolvimento e modificação, a mesma pode ser aplicada muito mais amplamente do que se possa pensar a princípio.

10.4 Visão Geral

Você provavelmente concluirá, a partir desses artigos que, os educadores estão muito mais cientes da importância da indústria em:

- Desenvolvimento de currículos;
- formação de pessoas com habilidades úteis para as necessidades da indústria; e
- assegurar o benefício de todas as partes envolvidas da educação para o turismo.

Sua própria instituição pode ser pioneira na abordagem de interface educação-indústria. Se ainda não é, agora pode ser o momento apropriado para você considerar como melhorar tal abordagem.

Do ponto de vista da indústria, os problemas são bem diferentes. *The CNAA Review of UK Tourism Degrees* (1982) incorporou um relatório apresentado por um grande empregador do turismo. Ele mostra claramente as expectativas de um dos maiores empregadores na indústria do turismo sobre o que o sistema educacional deveria estar oferecendo. Pela experiência e informação que ele apresentou neste módulo, você pode identificar as discrepâncias entre o que os educadores pensam e o que eles deveriam estar fornecendo e o que a indústria quer e espera que eles forneçam em termos de habilidades dos estudantes.

Visão da Indústria

Disparidade de expectativas da indústria em relação à educação

Você deve estar surpreso por algumas impressões aqui descritas. Poderia parecer que, ouvindo a opinião da indústria sobre os formandos em turismo, esta poderia não querer recrutar estudantes graduados em turismo de forma alguma; que preferiria empregar formandos de outras áreas, com habilidades básicas e que pudessem ser treinados em departamentos específicos do turismo.

Se tal visão é representativa de toda a indústria, você entenderá a necessidade urgente de desenvolver um relacionamento melhor para assegurar que os canais de comunicação estejam abertos para benefício de todos. Se os líderes das indústrias estão sugerindo que os formandos em programas de turismo freqüentemente não suprem suas necessidades, obviamente a situação pode ser retificada de imediato. Se a indústria não quer os formandos preparados com habilidades específicas em turismo, por que o sistema educacional continua produzindo esse tipo de profissionais em números expressivos?

Necessidade de melhorar a comunicação entre indústria e comunicação

Cooper, Shepperd e *Westlake* (1992) documentam os resultados de várias pesquisas que relatam os tipos de habilidades e conhecimento que a indústria do turismo diz requerer de seus graduandos que desejam se firmar no setor.

Pode ser, olhando competências específicas identificadas, que os graduandos não estejam tão bem equipados para trabalhar na indústria do turismo quanto os de outras disciplinas. Também pode ser que a indústria perceba ser mais fácil ensinar habilidades em turismo para alunos não formados em turismo do que ensinar habilidades de transferência, tais como comunicação e apresentação, para formandos em turismo.

Por que ensinar turismo?

Tudo isso leva à questão: por que ensinar turismo, afinal? Se a indústria não quer os formandos produzidos pelo sistema educacional, por que nos preocuparmos? Esta é uma questão complexa que talvez devêssemos considerar.

10.5 Número de Formandos *Versus* Oportunidade de Trabalho

Oportunidades de emprego para formandos

Muitos empregadores do turismo estão expressando sua preocupação em relação a alunos saindo dos cursos de qualificação em turismo encontrarem empregos convenientes na indústria. Vamos expressar de outra maneira: mesmo se os empregadores de formandos em turismo e hospitalidade estivessem querendo contratar alunos de tais cursos, as oportunidades de emprego não estão disponíveis para profissionais desse nível. A indústria é incapaz de absorver todos os formandos que buscam colocação em turismo.

A situação é levemente diferente na hospitalidade, onde, de acordo com o Relatório da CNAA, a indústria está se voltando para graduandos de outras disciplinas para preencherem suas vagas, por falta de mão-de-obra para hotéis e serviços de buffet. Simultaneamente, formandos em hotelaria e buffet estão sendo procurados por muitos empregadores de outros setores da indústria.

10.6 Colocação de Trabalho

Colocação de trabalho para estudantes

Há, entretanto, todos os tipos de problemas derivados da interface educação-indústria. Outra questão é a colocação dos estudantes e como eles são (ou às vezes não são) incorporados à estrutura do programa de aprendizagem para estudantes.

EIESP (1991) observa essa questão detalhadamente e você pode ver, sob as perspectivas do empregador e dos estudantes, que a colocação no trabalho tem seus pontos positivos e negativos. Para que os estudantes adquiram considerável experiência, o período de trabalho deve compreender um tempo substancial – um ano, por exemplo. Entretanto, para muitos empregadores em turismo e hospitalidade, esse comprometimento é impossível – os recursos simplesmente não o permitem. Há pequena falta de sincronia em termos de necessidades e expectativas: os industriais insistem que a colocação de trabalho é essencial para os cursos de turismo ou hospitalidade, porém muitos não querem (ou são incapazes) apoiar instituições educacionais que estão lutando para atender os requisitos dando o apoio necessário para a colocação de estudantes.

Conseqüentemente, este é outro ponto falho em potencial, na interface entre educação e turismo.

Cooper (1992) traz à tona a discussão sobre a interface educação-indústria. Ele fornece uma boa perspectiva no relacionamento entre ambas e também sua dependência mútua. A indústria é dependente do sistema de educação, pois espera que este produza formandos de boa qualidade que estejam preparados para atendê-la. Por sua vez, o sistema de educação é dependente da indústria, na medida que necessita que esta se envolva no debate pedagógoco para ajudar na atualização do currículo e assegurar que as necessidades da indústria sejam preenchidas pela educação.

Dependência mútua entre indústria e educação

10.7 Questões de Qualidade em Educação em Turismo

Você já terá tocado na questão da qualidade muitas vezes ao passar por este módulo. Ele ressalta tudo o que foi escrito e que nós, educadores, deveríamos constantemente tentar adquirir e disseminar.

Em termos de aplicação da qualidade na educação em turismo, nós pretendemos começar averiguando o que geralmente nós queremos dizer por qualidade.

Questões de qualidade

Lockwood (1992) tenta introduzir e definir os conceitos de qualidade no ambiente de educação em turismo. O autor se concentra em um número de importantes questões incluindo:

- Identificação do cliente e do processo educacional;
- observação das dimensões de qualidade em termos de serviço; e
- aplicação de tais dimensões na educação.

Ponto de vista

O artigo também sugere um caminho para ajudar o desenvolvimento da qualidade na educação.

Educação em turismo como produto de qualidade orientada

Ritchie (1992) chama a atenção para os fortes e pertinentes fundamentos para assegurar que a educação em turismo se desenvolva como um produto atrativo e de qualidade orientada. O autor identifica três categorias maiores de fundamentos que devem ser estabelecidos para um desenvolvimento a longo prazo de qualidade em educação para o turismo.

Stark (1991) trata, em termos mais gerais, do relacionamento causal entre educação para empregabilidade em turismo e prosperidade da indústria do turismo. Sob a ótica de recursos humanos, o texto também toca, muito brevemente, no conceito de qualidade (ou falta de qualidade) em educação e sua implicação final na mão-de-obra do turismo e no produto.

Perspectivas internacionais

Continuando com o tema qualidade, *Risby e Churchett* (1992) exploraram o conceito de qualidade e suas implicações na educação para o turismo e na futura lucratividade e produtividade da indústria. O texto também fornece boa visão dos tipos de iniciativas e desenvolvimentos que estão influenciando a educação para o turismo em uma perspectiva internacional.

10.8 Questões sobre Empregados

O conjunto deste módulo foi dedicado a identificar e discutir questões para educadores em turismo e hospitalidade, direta ou indiretamente. A seção, entretanto, se preocupa em olhar questões específicas para os educadores e algumas das características que, de acordo com a pesquisa, os educadores em turismo possuem.

Por sua própria experiência e discussões com colegas, você já está ciente de que a educação em turismo é uma área excitante, dinâmica e distinta. Esse fato, combinado com outros tais como o modo pelo qual o turismo evoluiu historicamente e a apresentação do turismo no currículo, significam que novas e complexas exigências serão colocadas para os educadores em turismo.

Cooper, *Scales* e *Westlake* (1992) identificam os principais problemas, desafios e oportunidades que os educadores em turismo podem enfrentar e os combinam para fornecer uma boa visão do estado da educação em turismo. Enquanto os pesquisadores se referem especialmente à educação em turismo no Reino Unido, a maioria das questões é aplicada internacionalmente.

10.9 Treinamento *Versus* Educação em Turismo e Hospitalidade

Você deve ter suas próprias idéias sobre o que constitui treinamento e educação e quais as maiores diferenças entre ambos. Antes de continuar esta Unidade de Estudo, você pode querer formalizar suas idéias e tomar algumas notas sobre as diferenças que acha existirem entre as duas.

Descrevemos, a seguir, as diferenças entre treinamento e educação. Elas não são definitivas e podem não corresponder exatamente às suas próprias idéias: elas simplesmente articulam linhas mestras das quais você deveria ter conhecimento.

Linhas mestras

A educação pode ser definida com um processo que dá ao indivíduo um conjunto de princípios, não aplicações detalhadas. Ela deve fornecer ao estudante um conjunto de ferramentas para interpretação, avaliação e análise de um novo conhecimento ao desenvolver suas capacidades críticas. A educação para o turismo olha além de um setor individual e tenta oferecer mais uma perspectiva geral do que uma abordagem específica de um setor. O conceito-chave é a provisão de transferência de habilidades básicas, tais como habilidade analítica, habilidade de comunicação escrita e verbal e liderança que deveria ser desenvolvida pela educação e aplicada, pelo indivíduo, em diferentes contextos.

A educação fornece uma perspectiva geral não específica de um setor

O treinamento, por outro lado, é uma atividade muito mais específica que se concentra na aplicação detalhada em nível mais baixo, freqüentemente habilidades práticas. O treinamento em geral é específico de um setor e procura equipar o "trainee" com habilidades definidas e claras, como emissão de bilhetes, serviços ou habilidades de contato com o cliente.

O treinamento fornece habilidades práticas para um setor específico

10. Questões

Treinamento e educação em ambos

Na prática, treinamento e educação em turismo e hospitalidade são profundamente interligados: mesmo em nível educacional, o treinamento em habilidades práticas é visto como essencial para a indústria. Treinamento e educação deveriam ser paralelos e complementares e, em pontos diferentes de uma carreira, é muito comum e quase certo que um predomine sobre o outro.

Planos de carreira não definidos

O problema é que, freqüentemente, na indústria do turismo, os caminhos da indústria são difíceis de trilhar, turvando o modo pelo qual o treinamento e a educação são vistos e o seu alto grau de importância. Isso é pouco para promover treinamento e educação como função essencial de recurso humano dentro da indústria do turismo; há um número de razões para tanto:

- Desde que a indústria é dominada por um pequeno número de negócios menores e operadores individuais, muitas pessoas trabalhando nesse ambiente não experimentaram um plano de carreira que poderia ser definido como tal.

Diversidade da indústria

- A indústria é muito diversa. Apesar dos movimentos para a padronização discutidos na Unidade de Estudo 5, não há qualificações harmonizadas, nacionalmente reconhecidas e certificadas na indústria. Essencialmente, não há forma de "corrente de treinamento" que a mão-de-obra do turismo possa utilizar na indústria para facilitar uma abordagem mais estruturada para o plano de carreira.

    A tendência em ligar o corpo do conhecimento à competência profissional deveria, de alguma forma, retificar a situação, assumindo que maior número de companhias na indústria adote a estrutura e encoraje companhias menores a fazerem o mesmo.

A visão da indústria de que a educação é um custo e não um investimento

- Como conseqüência, o turismo permanece como uma indústria de *status* inferior para muitas pessoas, refletido no relativamente alto nível de mudança de funcionários. Por ser a mão-de-obra transitória, a maioria dos empregadores pequenos e médios (e até algumas grandes empresas) vêem o treinamento e a educação como um custo e não um investimento. Por não ser comum o investimento em funcionários, eles geralmente não se sentem leais à organização e são mais inclinados a mudarem de emprego. Conseqüentemente, há um alto giro de funcionários e o círculo continua.

- Finalmente, a imaturidade da indústria também tem implicações para a educação e o treinamento em turismo. Como já discutido, a indústria é feita de pequenos operadores ou equipes de um homem só e com freqüência liderada por "self-made men" com a mentalidade de quem conseguiu tudo sozinho com pouca ou nenhuma educação formal ou treinamento. Eles podem desconfiar dos formandos que são "educados" em turismo e sentir que não é necessário investir no treinamento e desenvolvimento de funcionários: afinal, eles provavelmente não tenham tido treinamento nem educação e, ainda assim, conseguiram chegar lá.

Mentalidade "me mostre"

A situação está mudando aos poucos, particularmente na esfera da hospitalidade, na qual os formandos saem das instituições educacionais com diplomas em gerenciamento de hotel (ou similar). Quando os cursos se estabelecem, o espaço de tempo que passou desde sua introdução significa que muitos dos formandos estão assumindo postos numa posição de influenciar o recrutamento e políticas de treinamento e de pessoal e de levar a indústria para uma filosofia orientada de treinamento que beneficiaria todos. O curso de turismo em nível não graduado, entretanto, é um fenômeno mais recente e a indústria permanece ligada aos antigos cursos de treinamento de orientação vocacional; é algo cínico quanto ao papel e função dos novos cursos.

Claramente, o treinamento e a educação especial não são prioridades para a indústria do turismo como um todo. Isto é para não dizer que algumas companhias não investem pesado no treinamento de seus funcionários. Em *Educação para o Turismo na Europa*: *Desenvolvimento de Qualidade* conferência em Valência, na Espanha, em abril de 1992, *Martin Brackenbury,* do Grupo de Viagem Thomson, Reino Unido, falou sobre o papel do grupo na indústria de treinamento. Em particular, ele se referiu ao grande investimento feito por sua companhia para treinar indivíduos que tinham deixado a organização por posições em outras indústrias. Entretanto, argumentou que toda a indústria se beneficiou e continua a se beneficiar dos investimento e desenvolvimento de Thomson.

Deveria, pelo menos na teoria, existir um importante papel para treinamento e educação, mas a hostilidade e falta de respeito mútuas causa tensão. É importante salientar que muita desta tensão pode ser atribuída à falta de definição dos papéis de responsabilidade de treinamento e educação, respectivamente, no desenvolvimento da mão-de-obra do turismo e esta tensão se manifesta numa mútua falta de confiança e reconhecimento da importância que os dois têm.

- É compreensível (se não aceitável) que treinamento e educação são conceitos diferentes para grande parte da indústria do turismo e hospitalida-

Questões a serem formuladas

de e sua mão-de-obra. A estrutura, diversidade e natureza do turismo não o levam facilmente à implementação de programas de treinamento, educação e desenvolvimento. Tal fato, por si, levanta um grande número de questões com as quais a indústria tem que se preocupar.

- A indústria realmente sabe o que quer quando se trata de provisão de treinamento e educação para sua mão-de-obra? Pela diversidade de necessidades e requisitos, você acha possível identificar e supri-los adequadamente? As instituições educacionais sabem o que deveriam fornecer e são capazes de proporcionar treinamento em turismo e educação, particularmente em níveis inferiores?

10.10 Questões de Hospitalidade

Muitas questões cobertas na Seção de Estudo 4 são relacionadas a turismo e hospitalidade. Questões específicas de hospitalidade foram avaliadas, em alguns detalhes, na Unidade de Estudo 3, quando observamos os problemas enfrentados pelos educadores em turismo e hospitalidade: você deve querer relê-la para refrescar a memória.

10.11 Para Pensar

Esta seção se preocupou em identificar algumas das maiores questões que enfrentamos em bases internacionais. Algumas foram levantadas devido à natureza do assunto; outras, entretanto, existem em decorrência da imaturidade da área e esperamos resolvê-las nos próximos anos.

Há várias outras preocupações e problemas relevantes para sua situação, que você deve querer listar e considerar. Ao aplicar sua lista a princípios gerais apresentados e discutidos nesta Seção de Estudo, você pode melhor avaliar sua posição e tomar melhores decisões.

5 *Seção de Estudo*

Visão Geral de Turismo e Educação em Hospitalidade

11. O Futuro

Unidade de Estudo 11

O Futuro

11.1 Introdução

11.2 Questões Relacionadas à Indústria do Turismo
11.2.1 Geral
11.2.2 Abordagens de Gerenciamento
11.2.3 Planos de Carreira
11.2.4 Entendendo os Benefícios da Educação e Treinamento

11.3 Questões Relacionadas ao Treinamento e Educação em Turismo
11.3.1 Problemas de Definição
11.3.2 Imaturidade
11.3.3 Cursos
11.3.4 Educadores
11.3.5 Superprodução de Estudantes
11.3.6 Parcerias entre Indústria e Educação

11.4 Para Pensar

11
O Futuro

11.1 Introdução

Como você terá reconhecido das seções anteriores a este módulo – e pelo fato de ter decido estudar essa área – o futuro da educação em turismo e hospitalidade é promissor. É também cheio de questões e problemas que derivam da juventude dessa área de estudo. Muitas questões serão resolvidas com o passar do tempo e com o desenvolvimento da área; outras, entretanto, estão intrínsecas às questões da matéria e da nossa indústria.

Há poucos anos, somente, os governos reconheceram o valor do turismo para suas economias e a importância de planejar a educação e o treinamento para formar uma força de trabalho com competitividade e produtividade. A década de 1980 foi crucial. Ambos, turismo e educação para o turismo, iniciaram a década lutando por reconhecimento, mas o período assistiu a uma mudança na quantidade de organismos internacionais que agora apóiam a educação e treinamento em turismo pública e ativamente. A existência de um curso como este é o testamento para a nova era da educação e treinamento em turismo. Ao mesmo tempo, companhias inovadoras destruíram a inércia da educação e treinamento na indústria e colocaram esquemas para funcionar, freqüentemente em colaboração com instituições educacionais. A inércia da indústria não foi simplesmente o resultado de

Reconhecimento do valor do turismo pelos governos

Década de 1980 crucial

sua dominação pelos negócios menores, mas também parcialmente por falta de cultura de treinamento e educação em nível mais alto, em muitas companhias. Felizmente, como podemos observar, a resposta das instituições educacionais para esse desafio tem sido entusiasta e um crescente número de programas de educação em turismo está acontecendo pelo mundo.

Futuros desafios para os educadores

No futuro, os educadores terão um papel importante quando os desafios enfrentados pela indústria do turismo só irão ser resolvidos com sucesso se tivermos uma mão-de-obra bem educada, bem treinada, lúcida, cheia de energia e empreendedora, que entenda as preocupações ambientais, a demanda de consumidores sofisticados, o avanço da tecnologia. Os educadores são crucias para o desenvolvimento de fontes de recursos humanos de alta qualidade, que permitam às empresas ganharem competitividade e demonstrarem valor agregado a seus serviços.

Littlejohn e Watson (1990) lidam com algumas dessas questões num contexto de hospitalidade e fornecem comentários pertinentes sobre o papel e a importância de treinamento e educação da maneira como ela é dada.

11.2 Questões Relacionadas à Indústria do Turismo

11.2.1 Geral

Pressões na indústria do turismo

A indústria do turismo está sob pressão. A mudança de mercados, a reestruturação da indústria e mercados domésticos e internacionais mais competitivos estão sobrecarregando os especialistas. A habilidade para ter sucesso e a futura "performance" das atividades relacionadas dependerão grandemente das habilidades, qualidades e conhecimentos que os gerentes são capazes de trazer para seus negócios que nós, nos setores de educação e treinamento, podemos ajudar a providenciar.

Abordagem do Reino Unido: Desenvolvendo Gerentes para o Turismo pela NEDC (1991) observa especificamente as questões futuras para os educadores, mas muito pela perspectiva da indústria. É difícil discordar das questões identificadas; pode-se até mesmo assenti-las, salvo o fato de que a educação em meio ambiente e turismo sustentável não está incluída. Isso porque o capítulo prevê a intensidade de debate sobre a questão. Tal fato por si só ilustra a rápida mudança na natureza do assunto.

11.2.2 Abordagens de Gerenciamento

Evidências informais sugerem que pode haver difusão de problemas com qualidade e quantidade de gerenciamento de recursos em turismo e, também, de acomodação e buffet, em decorrência do espírito de gerenciamento amador que caracteriza negócios pequenos que dominam a indústria do turismo.

Tal fato tem preenchido uma tradição de gerenciamento de pessoal amador que somente os estabelecimentos maiores começaram a mudar. Pessoal qualificado e treinamento de profissionais, em particular aqueles com experiência em outras indústrias, são incomuns fora das grandes empresas, o que contribuiu para a falta de sofisticação em políticas e práticas de recursos humanos, impostas por estilos ultrapassados de gerenciamento e de processos operacionais. Isso deixa o turismo vulnerável a idéias, controle e dominação por práticas gerenciais encontradas em outros setores econômicos.

Gerenciamento de pessoal amador

As práticas que são lugar comum em outros serviços da indústria – indução abrangente, avaliação regular, comunicação efetiva com os empregados – são subdesenvolvidas em muitos negócios de turismo e lazer. Os educadores e instrutores têm o papel de facilitar a inovação e, em parceria com a indústria, trabalhar para superar problemas específicos na indústria do turismo.

Inovação necessária nas práticas da indústria do turismo

11.2.3 Planos de Carreira

Uma das maiores questões relacionadas à indústria e aos educadores é o desenvolvimento de carreiras desafiadoras e financeiramente atrativas na indústria do turismo: planos de carreira que aumentarão o amor-próprio da indústria por meio de maior profissionalismo; diminuição do caro rodízio de empregados e aumento de produtividade pelo senso de propriedade.

A educação e o treinamento exercem importante papel para produzir uma sólida base de qualificações e experiência na indústria. No turismo, o rodízio de empregados costuma ser alto em todos os níveis abaixo da gerência, acarretando dificuldade de recrutamento. Mas as empresas que cuidadosamente planejaram estratégias de treinamento e recrutamento dizem que isso as ajudou a melhorar a retenção de empregados.

Alto rodízio de empregados

11.2.4 Entendendo os Benefícios da Educação e Treinamento

Benefícios difíceis de medir na educação

Ao demonstrar tais benefícios, é claro que há uma distinção a ser feita entre educação e treinamento. O atraso em implementar a educação em turismo sugere que os benefícios são difíceis de demonstrar. Isso se dá parcialmente porque, em curto prazo há rápida mudança da indústria e os benefícios da educação em turismo acontecem a longo prazo. Isso contrasta com o treinamento em turismo, no qual os benefícios são mensuráveis e instantâneos.

Valor de qualidade e profissionalismo

Os benefícios de ambos deveriam ser claros, simplesmente ao ler este manual. Para a indústria como um todo, ele acrescenta valores, aumenta a qualidade do pessoal e dá uma sensação de profissionalismo e domínio. Também ajuda a definir a indústria e aponta as similaridades de vários setores diferentes (transporte, hospitalidade e atrações, por exemplo). Aqueles que trabalham na indústria também entendem o inter-relacionamento entre os setores e percebem as oportunidades de negócios. O treinamento, em particular, proporciona habilidades e conhecimento prático que aumentam a "performance" e a produtividade do pessoal na indústria. A relação entre educação e treinamento com planejamento voltado para a formação de mão-de-obra permite melhor atendimento às necessidades do setor com o "input" de escolas de turismo. Obviamente, empregadores de visão utilizam a educação e o treinamento para ajudar a reter funcionários, fornecer um plano de carreira para os funcionários obtendo melhor uso dos recursos humanos na indústria do turismo.

Círculo vicioso

Mas os benefícios não são somente os confinados à indústria e seu pessoal. Um profissional em turismo bem treinado produzirá um resultado melhor e melhor nível de serviço para a crescente demanda turística futura. Funcionários bem treinados e bem pagos oferecem melhor serviço para os clientes e maior produtividade para a companhia, tornam a companhia e o país mais rico, beneficiando visitantes e residentes. Os visitantes retornam, reforçando o círculo.

Qualidade de recursos humanos: a chave para o sucesso no futuro

A indústria reconhece que a qualidade de recursos humanos é a chave para seu sucesso futuro. Somada à necessidade de qualidade está a crescente variedade de habilidades requeridas por diferentes ocupações na indústria. Por exemplo, funcionários de hotéis agora têm maior acesso à informação em tempo real e executam seu trabalho de forma mais eficaz. Os gerentes gerais de hotéis não são mais simplesmente bons anfitriões; eles precisam ser líderes efetivos com boas habilidades operacionais e de gerenciamento e ser capazes de assumir um vasto leque de responsabilidades, aumentando as vendas e planejando novos complexos de lazer, assim como desenvolvendo uma abordagem multicultural para as operações de negócios. Isso significa que, para serem eficazes, os gerentes de turismo devem ter um profundo conhecimento de aspectos operacionais e dos negócios, assim como habilidades e conceitos criativos.

Finalmente, um número de cursos em turismo e hospitalidade é, certamente de natureza não vocacional. Ao invés disso, eles examinam a atividade do turismo e hospitalidade e seus impactos simplesmente porque eles são interessantes e valem a pena ser estudados. Quando ensinados nas escolas, podem-se transformar em uma influência poderosa para o desenvolvimento de formas responsáveis de turismo no futuro.

11.3 Questões Relacionadas ao Treinamento e Educação em Turismo

11.3.1 Problemas de Definição

Como já vimos neste módulo, do ponto de vista da educação e treinamento, o turismo é uma atividade que geralmente passa sem reconhecimento e mal definida. Desde que o turismo abrange vários setores da indústria, existem interpretações de categorias de empregos em vários níveis de habilidades. Em uma interpretação maior do turismo, seus setores dominantes são vistos como atividades relacionadas a acomodação, transporte em suas diferentes formas e serviços de lazer e recreação. Há também formas especializadas de turismo nos mercados geradores (por exemplo, provisão de informação) e no destino (por exemplo, guiando eventos e organização). Algumas dessas atividades envolvem o setor público como um provedor direto ou com o papel de coordenador. O fato de o turismo ser interpretado de várias formas e espalhado para muitos outros setores é refletido na gama de abordagens educacionais adotadas. Essa gama se estende por vários países diferentes, mas também dentro dos próprios países. Por um lado, são limitadas, no setor, as ofertas de especialização em não-hospitalidade; por outro, o turismo é ensinado com um adjunto, uma opção para uma variedade de negócios, lazer, geografia ou cursos de hospitalidade.

Dificuldade para definir os setores do turismo

11.3.2 Imaturidade

Debate sobre a oferta de cursos de turismo

Um tema recorrente neste módulo foram os problemas criados pela imaturidade da matéria na área. O progresso rápido do turismo como matéria e o reconhecimento de sua importância pelos governos aceleraram o estudo do turismo, apesar da maneira não planejada. O turismo tem agora sua própria comunidade acadêmica, jornais, sociedades de profissionais e um grande número de livros. Contudo, como esse crescimento espalha uma gama de novos cursos em turismo, os educadores em turismo estão experimentando sérios problemas e se inicia um debate sobre a qualidade e a oferta de cursos de turismo, e suas implicações na formação do pessoal envolvido. Primeiramente, a área temática, em si mesma, apresenta a dificuldade de mostrar-se confusa, com conceitos vagos e frágeis. Os educadores enfrentam muitas questões que deveriam ser comuns a outras matérias, porque não há ainda um acordo real sobre a definição do turismo ou do que se constitui a indústria do turismo. Isto resulta numa falta básica de rigor e foco. O assunto engloba diversos setores industriais e acadêmicos, reforçando a necessidade de uma abordagem disciplinada. Ele também traz à luz problemas com fontes de dados em termos de comparabilidade e qualidade. Grande parte da atividade turística está em desenvolvimento recente e só há pouco tempo tem sido considerado um negócio sério para estudos acadêmicos (apesar de ainda haver muito preconceito). Em conseqüência, a matéria tem falta de antecedentes de natureza educacional e a infra-estrutura educacional somente agora está em desenvolvimento.

11.3.3 Cursos

Maiores recursos disponíveis para educadores

Os recursos disponíveis para os educadores agora são maiores que no início dos anos 80. A multiplicação de textos, jornais e cobertura da mídia no turismo fornece uma rica fonte para os educadores. Entretanto, enquanto o material educacional está crescendo em volume (mas nem sempre em qualidade), os princípios gerais do turismo – e da educação em turismo – ainda são aplicados. Por exemplo, sendo o turismo um setor dinâmico, é importante que os educadores assegurem que seus cursos estejam sempre atualizados com os desenvolvimentos e a prática industrial. Os educadores devem antecipar as tendências.

Gamble (1992) oferece uma visão global das forças que constituem a educação em turismo e hospitalidade no futuro. A maioria delas são forças que estão fora de controle dos educadores e se relacionam a questões como a futura forma da Europa. Essas questões afetarão o que faremos no futuro e o conteúdo dos nossos cursos.

Focado mais detalhadamente na nossa indústria e na matéria da nossa área, o capítulo final de *"Tourism Principles and Practices"*, de *Cooper et al* (1993) tenta fazer uma ligação da estrutura do turismo proposta por *Leiper* (ver Seção de Estudo 1.1) com as futuras forças que determinarão o turismo no século XXI. Essas questões aumentarão seu papel nos programas e, portanto, suscitarão dúvidas no corpo de conhecimento delineado por grupos como CNAA e a Sociedade de Turismo. Por exemplo, precisaremos considerar mudanças no comportamento do consumidor à medida que os turistas se tornarem mais experientes e sofisticados. Em resposta, novas iniciativas incorporarão a tecnologia e o pensamento ambiental na tentativa de atrair esses novos consumidores. Muitas outras questões também são levantadas no capítulo; questões que precisarão ser tratadas por futuros cursos se a educação em turismo se mantiver a passo com as necessidades da indústria e da demanda de seus consumidores.

Forças futuras

11.3.4 Educadores

Há falta de educadores qualificados – particularmente aqueles com relevante experiência na indústria e boas qualificações acadêmicas. Na área de treinamento, é um problema menor. Em contraste com as outras áreas de estudo, a falta se deve porque existem relativamente poucas qualificações ou iniciativas com foco primário no desenvolvimento de educadores e alunos que pretendam seguir carreira no campo da educação em turismo e treinamento.

Falta de educadores qualificados

11.3.5 Superprodução de Estudantes

O grande número de estudantes em turismo com alta qualificação também é um problema. O turismo é um campo relativamente fácil para as instituições educacionais ingressarem – embora o treinamento em restaurantes, laboratórios e cozinha tenha custo elevado – mas a qualidade de alguns recém-chegados é questionável. Isto causa um impacto negativo na imagem do turismo como atividade educacional e prejudica a habilidade dos alunos de conseguirem empregos. Em alguns casos, há evidência clara de que o aumento no "input" de graduados em turismo simplesmente resulta num nível mais baixo de qualificação, como os diplomados em apenas dois anos, quando ambos os grupos de alunos competem para o mesmo emprego.

11.3.6 Parcerias Entre Indústria e Educação

Visão limitada dos pequenos negócios

O turismo é uma indústria tradicional, fragmentada, dominada por pequenos negócios menores e dirigidos por gerentes que, geralmente, não têm educação formal ou treinamento. Há falta de entendimento, que beira a desconfiança, em relação à nova geração dos cursos de turismo. De acordo com essa postura, é adotado que um generalista bem qualificado pode ser treinado com mais rapidez nas especificidades das operações do turismo e isto é preferível a um especialista qualificado em turismo. Esta abordagem simplista perpetua o foco limitado e inibe a inovação e a liderança. Dada a rápida mudança da natureza do turismo, há o perigo da superespecialização em conhecimentos detalhados e habilidades, que acontecerá no período de cinco anos.

Preencha a lacuna de cursos e necessidades da indústria

Há, entretanto, uma necessidade desesperada no futuro da indústria e a educação é a ponte para dissipar esta lacuna. A expansão da educação em turismo e treinamento chegou a um tempo de intensa pressão nos setores públicos. Tradicionalmente, tem-se esperado do setor público a preparação de programas educacionais que produzirão gerentes em turismo e funcionários de linha de frente. Para cortar custos, as instituições educacionais precisarão cooperar mais de perto e estreitar laços com a indústria, com conselhos de turismo e outros – incluindo a comunidade e o consumidor. Até aqui, pode haver atrasos quando a recessão dos anos 90 mostrou um número de empregadores incapazes de fornecer experiência educacional para os alunos.

Necessidade para a parceria entre educação e indústria

A indústria e a educação devem ser parceiras para promoverem a aceitação do turismo como uma atividade. Os baixos níveis de educação nas escolas – e entre o público em geral – relacionados ao turismo no passado contribuíram para a imagem pobre e sua aceitação como uma atividade em geral. A prioridade futura será construir uma ponte entre os cursos de turismo com foco em negócios ou econômico e aqueles com ênfase social/ambiental. A abordagem da educação em turismo adotada neste módulo deveria ajudá-lo a formar, com sucesso, não somente o futuro da educação em turismo e treinamento, mas também, a longo prazo, o futuro da indústria e do próprio turismo.

11.4 Para Pensar

Sabemos, por este módulo, que o turismo é atrativo para estudantes e as instituições continuarão a desenvolver cursos para atraírem maior número de alunos. Em poucos anos, a falta de confiança e a escassez de especialistas o que o setor da educação oferece podem ter evaporado, parcialmente encorajados pela codificação e institucionalização da educação em turismo, assim como pelo desenvolvimento de padrões de qualidade – processos que este módulo ajudará a progredir. Há um movimento para fornecer linhas mestras de currículo. Excelentes guias práticos e conteúdos programáticos já existem. Em tudo isto há uma vantagem e um perigo. A vantagem é que as linhas mestras e a consistência do conhecimento relacionados à educação em turismo aumenta a qualidade do setor. Mas o perigo que ronda iniciativas leva a educação em turismo para um imperativo vocacional e fornece prescrições rígidas que não permitem contextos locais e questionamentos.

Linhas mestras de currículo

Para o futuro, necessita-se de visão, comprometimento e respeito mútuo na indústria e na educação. Se a educação em turismo e o treinamento englobam uma indústria promissora, onde o desenvolvimento dos recursos humanos é reconhecido, parcerias mais fortes, melhores comunicação e qualidade para educação em turismo, treinamento e produtos são requeridos. O desenvolvimento da qualidade do turismo e da qualidade da educação e treinamento em turismo satisfarão um largo espectro de consumidores – pais, alunos, empregadores, governos e consumidores do turismo – visto que o turismo será um setor responsável e maduro.

Visão, comprometimento e respeito mútuo

Pearce (1993) efetivamente faz a ligação entre todos os temas deste módulo e sua leitura é útil para integrar os diferentes aspectos que apresentamos. Ele estabelece o turismo como uma área de estudo, numa perspectiva apropriada e relevante e, de maneira construtiva e interessante, trata muitas das questões acadêmicas e de currículos que hoje desafiam os educadores em turismo e hospitalidade.

Bibliografia e Referências

Amostra de Textos Gerais

Ashworth, G., *Recreation and Tourism*, Bell and Hyman, London, 1984.

Burkart, A.J. and Medlik, S., *Tourism, Past, Present and Future,* Heinemann, London, 1981.

Chubb, M. and Chubb, H.R., *One Third of Our Time*, Wiley, New York, 1981.

Cooper, C. *et al.*, *Tourism: Principles & Practice*, Pitman, London, 1993.

Foster, D., *Travel and Tourism Management*, Macmillan, London, 1985.

Gee, C.Y., Choy, D.J.L., Makens, J.C., *The Travel Industry*, AVI, Westport, 1984.

Hodgson, A. (ed), *The Travel and Tourism Industry*, Pergamon, Oxford, 1987.

Holloway, J.C., *The Business of Tourism*, Pitman, London, 1989.

Hurdman, L.E., *Tourism: a Shrinking World*, Wiley, New York. 1980.

Lundberg, D.E., *The Tourist Business*, Van Nostrand Reinhold, New York, 1975.

McIntosh, R.W., and Goeldner, C.R., *Tourism: Principles, Practices and Philosophies*, Wiley, New York, 1990.

Medlik, S. (ed), *Managing Tourism*, Butterworth Heinemann, Oxford, 1991.

Mercer, D., *In Pursuit of Leisure*, Sorret, Melbourne, 1980.

Mill, R.C., *Tourism. The International Business*, Prentice Hall, New Jersey, 1990.

– and Morrison, A., *The Tourism System*, Prentice Hall, New Jersey, 1992.

Pigram, J., *Outdoor Recreation and Resource Management*, Croom Helm, 1993.

Ryan, C., *Recreational Tourism*, Routledge, London, 1991.

Wahab, S., *Tourism Management*, Tourism International Press, London, 1975.

Witt, S., Brooke, M.Z. and Buckley, P., *The Management of International Tourism*, Unwin Hyman, London, 1991.

Amostra de Abordagens de Assuntos-base

Boniface, B. and Cooper, C., *The Geography of Travel and Tourism*, Heinemann, Oxford, 1994.

Bull, A., *The Economics of Travel and Tourism*, Pitman, London, 1991.

Burton, R., *Travel Geography*, Pitman, London, 1991.

Edington, J.M. and Eddington, M.A., *Ecology, Recreation and Tourism*, Cambridge University Press, Cambridge, 1986.

Lavery, P. (ed), *Recreational Geography*, David and Charles, Newton Abbot, 1971.

Pearce, D., *Tourism Today*, Longman, Harlow, 1987.

Pearce, P.L., *The Social Psychology of Tourist Behaviour*, Pergamon, Oxford, 1982.

Smith, S.L.J., *Recreation Geography*, Longman, Harlow, 1983.

– *Tourism Analysis*, Longman, Harlow, 1989.

Smith, V.L. (ed), *Hosts and Guests: The Anthropology of Tourism*, Blackwell, Oxford, 1978.

Urry, J., *The Tourist Gaze*, Sage, London, 1990.

Amostra de Temas Turísticos

Ashworth, G. J. and Goodall, B. C. (eds), *Marketing Tourism Places*, Routledge, London, 1990.

– and Goodall, B. C. (eds), *Marketing in the Tourism Industry*, Routledge, London, 1990.

– and Tunbridge, J. E., *The Tourist-Historic City*, Belhaven, London, 1990.

Buttle, F., *Hotel and Food Service Marketing*, Holt, London, 1986.

Carter, E., *Ecotourism*, Wiley, Chichester, 1994.

Inskeep, E., *Tourism Planning*, Van Nostrand Reinhold, New York, 1991.

Lea, J., *Tourism and Development in the Third World*, Routledge, London, 1988.

Lockwood, A.L. and Jones P., *Management of Hotel Operations*, Cassell, London, 1989.

De Kadt, E. (ed), Tourism – *Passport to Development?*, Oxford University Press, Oxford 1979.

Edgell, D.L., *International Tourism Policy*, Van Nostrand Reinhold, New York, 1990.

Gunn, C. A., *Tourism Planning*, Crane Russak, New York, 1994.

Hunter, C. and Green, H., *Tourism and the Environnement*, Routledge, London, 1995.

Jefferson, A. and Lickorish, L., *Marketing Tourism*, Longman, Harlow, 1988.

Johnson, P. and Thomas, B. (eds), *Choice and Demand in Tourism*, Mansell, London, 1992.

Johnson, P. and Thomas, B. (eds), *Perspectives on Tourism Policy*, Mansell, London, 1992.

Hall, C.M., *Tourism and Politics*, Wiley, Chichester, 1994.

Heath, E. and Wall, G., *Marketing Tourism Destinations*, Wiley, New York, 1992.

Holloway, J. C. and Plant, R.V., *Marketing for Tourism*, Pitman, London, 1988.

Jones, P. and Pizam, A. (1993), *The International Hospitality Industry: Organisational and Operanonal Issues*, Pitman, London.

Krippendorf, J., *The Holiday Makers*, Heinemann, London, 1987.

Mathieson, A. and Wall, G., *Tourism: Economic, Physical and Social Impacts*, Longman, Harlow 1982.

Middleton, V.T. C., *Marketing in Travel and Tourism*, Heinemann, Oxford, 1988.

Morrison, A. M., *Hospitality and Travel Marketing*, Delmar, New York, 1995.

Murphy, P.E., *Tourism. A Community Approach*, Methuen, London, 1985.

Page, S., *Transport for Tourism*, Routledge, London, 1995.

Patmore, J.A., *Land and Leisure*, Penguin, Harmondsworth, 1972.

– *Recreation and Resources*, Blackwell, Oxford, 1983.

Pearce, D., *Tourist Development*, Longman, Harlow, 1989.

– *Tourism Organisations*, Longman, Harlow, 1992.

Ritchie, J.R.B. and Goeldner, C R., *Travel, Tourism and Hospitality Research*, Wiley, New York, 1994.

Smith, V.L. and Eadington, W. R., *Tourism Alternatives*, University of Pennsylvania Press, Philadelphia, 1992.

Teare, R. and Boer, A., *Strategic Hospitality Management*, Cassell, London, 1991.

– and Olsen, M, *International Hospitality Management*, Pitman, London, 1992.

Turner, L. and Ash, J., *The Golden Hordes. International Tourism and the Pleasure Periphery*, Constable, London 1975.

Wahab, S., Crampon, L. J. and Rothfield, L. M., *Tourism Marketing*, Tourism, International Press, London, 1976.

WTO, *Global Distribution Systems in the Tourism Industry,* Routledge, London, 1996.

– *Sustainable Tourism Development: Guide for Local Planners*, WTO, Madrid, 1993.

– *National and Regional Tourism Planning, Methodologies and Case Studies*, Routledge, London, 1994.

– *An Integrated Approach to Resort Development*, WTO, Madrid.

– *Aviation and Tourism Policies: Balancing the Benefits*, Routledge, London, 1994.

Amostra de Abordagens do Turismo Regional

Hall, D. (ed), *Tourism and Economic Development in Eastern Europe and the Soviet Union*, Belhaven, London, 1991.

Harrison, D. (ed), *Tourism and the Less Developed Countries*, Belhaven, London, 1992.

Williams, A.M. and Shaw, G. (eds), *Tourism and Economic Development*, Belhaven, London, 1994.

Amostra de Anuários e Enciclopédias

Cooper, C.P. (ed), *Progress in Tourism, Recreation and Hospitality Management*, Belhaven, London, (annual).

Ritchie, J.R.B., and Hawkins, D. (eds), *World Travel and Tourism Review*, CAB, Oxford, (annual).

Witt, S. and Moutinho, L., (eds), *Tourism Marketing and Management Handbook*, Prentice Hall, New Jersey, 1994.

Fontes Estatísticas Principais

Organisation for Economic Co-operation and Development, *Tourism Policy and International Tourism in OECD Member Countries*, OECD, Paris, (annual).

World Tourism Organization, *Compedium of Tourist Statistics*, WTO, Madrid, (annual).

– *Global Tourism Forecasts*, WTO, Madrid, 1994.

– *Tourism Market Trends*, WTO, Madrid, 1996.

– *Tearbook of Tourism Statistics*, WTO, Madrid (annual).

– *Recommendations on Tourism Statistics*, WTO, Madrid.

Resumos

Articles in *Hospitality and Tourism* (monthly), Universities of Surrey; Oxford Brookes; and Bournemouth.

Leisure Recreation and Tourism Abstracts (quarterly) CAB, Oxford.

Amostra de Periódicos

Annals of Tourism Research
Cornell Hotel and Restaurant Administration Quarterly
International Tourism Reports
Hospitality Research Journal
International Journal of Contemporary Hospitality Management
International Journal of Hospitality Management
Journal of Leisure Research
Journal of Tourism Studies
Journal of Travel and Tourism Marketing
Journal of Travel Research Leisure Studies
Progress in Tourism and Hospitality Research
Tourism Analysis
Tourism Management
Tourism Recreation Research
Tourism Economics
Tourist Review
Travel and Tourism Analyst

Referências Educacionais Selecionadas de Turismo e Hospitalidade

Annals of Tourism Research Special Issue, 1981-8 (1).

Airey D. (1988), *Cross-Cultural Approaches to Teaching Tourism, Teaching Tourism into the 1990s*, International Conference for Tourism Educators, University of Surrey.

Benjamin, H. (1939), in Peddiwell, J.A., *The Saber-Tooth Curriculum*, McGraw-Hill.

Bernthall, R. (1988), Designing *Curriculum: Will Industry Participate?*, International Conference for Tourism Educators, Umversity of Surrey.

Bligh, D. *et al.* (1975), *Teaching Students*, Exeter, Exeter University Teaching Services.

Bloom, B. S. *et al.* (1956), *Taxonomy of Educational Objectives*, *Handbook I: Cognitive Domain*, Longmans Green.

Bray, M. (1992), *Current Situations*, *Needs and Strategies*, paper presented to Tourism Education in Europe: The Development of Qatar, held in Valencia, Spain April 8-10 1992.

Bratton, R. *et al.*, *New Horizons in Tourism and Hospitality Education*, WTERC, Calgary, 1991.

Burke, J. F. (1988), *Teaching Tourism in the USA*, *Proceedings of the First International Conference for Tourism Educators*, University of Surrey.

Burgess (1982), *Perspectives in Gift Exchange and Hospitable Behaviour*, International Journal of Hospitality Management, Vol. 1, No. 1, pages 49-57.

Burton, P. E. (1988), *Building Bridges Between Industry and Education*, International Conference for Tourism Educators, University of Surrey.

CNAA (1992), *CNAA Tourism Degree Review*, CNAA, London.

Cassee, E. T. H. and Reuland, R. J. (1983), *Hospitality in Hospitals*, Cassee, E. T. H. and Reuland R. J. (eds), The Management of Hospitality, Pergamon, Oxford.

LEDEFOP, *Occupations within the Hotel/Tourism Sector within the EC*, LEDEFOP, Berlin, 1991.

Cooper, C. (1989), Editorial Preface from *Progress in Tourism, Recreation and Hospitality Management*, Volume 1, Belhaven Press, London.

– (1992), *The Contribution of Tourism Education and Training to a Profitable Tourism Industry*, presented to the Australian Tourism Industry Association, Canberra, Australia.

– Shepherd, R. and Westlake J. (1992), *New Trends in British Tourism and Hospitality Education*, presented to the International Congress on European Tourism, held in Freudenstadt, Germany, on May 23 1992.

– Scales R. and Westlake J. (1992), *The Anatomy of Tourism and Hospitality* Educators in the UK, Tourism Management, 13 (2) 234-242, June 1992.

– and Messenger, S. (1991), *Tourism Education and Training in Europe*, *A Comparative Framework*, paper presented to the International Congress for Education and Training in Tourism Professions, Milan, Italy, May 1991.

EIESP (1991), *Education for Careers in European Travel and Tourism*, EIESP, Paris.

Eisner, E. W. (1985), *Instructional and Expressive Objectives*, Lewes, Falmer Press.

Elton, (1982) in Cryer, P., *Academic Staff Development in Higher Education*: Joint Council Educational Technology, Surrey University Institutional Education Technology Publication.

Eraut, M. *et al.* (1975), *The Analysis of Curriculum Materials, Occasional Paper 2*, Brighton, University of Sussex.

Evans (1988), *Academic Credibility and the Hospitality Curriculum: the Image Problem*, Cornell Hotel Restaurant Admininstration Quarterly, 29(2) August 1988, 44-45.

Fletcher, J. and Latham, J. (1989), *International Tourism Training*, Tourism Management 10(2), 164-166.

Gamble, P. R., *The Educational Challenge for Hospitality and Tourism Studies*, Tourism Management, 13(1) March 1992, 6-10.

– and Messenger, S. (1990), *Management Development in Hospitality and Tourism: Prepating Managers for Industry: the Role of Hospitality Management Education*, International Journal of Contemporary Hospitality Management, 2(2) 1990, 13-19.

Gilbert, D. (1988), *What Form Should Tourism Marketing Take for the 1990s?*, Proceedings of The First International Conference for Tourism Educators, University of Surrey.

Go, F. M. (1981), *Co-operative Education and Tourism Training*, Annals of Tourism Research, 1981, VIII(I): 1981, pp 139-140.

Goeldner, Dr. C. R. (1988), *The Evaluation of Tourism as an Industry and a Discipline*, Proceedings of the First International Conference for Tourism Educators, University of Surrey.

Hawkins, D.E. and Hunt, J.D. (1988), *Travel and Tourism Professional Education*, Hospitality and Tourism Educator, Volume 1, Number 1, Spring 1988, pp 9-14.

Hill, Dr. R. W. (1988), *Cross-cultural Approaches to the Teaching of Tourism*, Proceedings of the First International Conference for Tourism Educators, University of Surrey.

Hirst, P. (1974), *Knowledge and the Curriculum*, London, Routledge and Kegan Paul.

Hobrough, J. (1987), *Concept Mapping and Curriculum Negotiation with Adults*: A Training Workshop, LUST, Appendix V, Guildford, University of Surrey.

– (1987), *Learning with Understanding in the Field*, LUST, Appendix IX Guildford, University of Surrey.

– (1988), *An Environmental Approach to the Curriculum,* paper presented to Directors of Nurse Education and Heads of Departments and National Board Officers Liaison Group Annual Conference, November 1988, University of Surrey.

– (1986), *Evaluative Tools for Access and Outreach: Strategies in the Education of Adults: a Feasibility Study*. FEU Report 339, Guildford, University of Surrey.

Howell, R. and Uysal, M. (1987), *Tourism Education for Developing Countries*, Tourism Management, 8(1), March 1987, pp 62-62.

Jafari, J., *Research and Schoolarship. The Basis of Tourism Education*, Journal of Tourism Studies, 1 (1), 33-41.

– and Ritchie, J. R. B. (1981), *Towards a Framework for Tourism Education*, Annals of Tourism Research,1981, VIII(I), 1981, pp 13-34.

Jones, P. and Lockwood, A. (1989), *Management of Hotel Operations*, Cassell, London.

Knowles, M. S. and Associates (1984), *Andragogy in Action*, San Francisco, Jossey-Bass.

Leiper, N. (1981), *Towards a Cohesive Curriculum in Tourism: The Case for a Distinct Discipline*, Annals of Tourism Research, 1981 VIII(I), 69-84.

Leung, E, *Cross-cultural Impacts in Classroom Situations from a Student Perspective*.

Littlejohn, D. and Watson, S., *Management Development for Hospitality and Tourism: Management Development Approaches for the 1990s*, International Journal of Contemporary Hospitality Management, 2(2) 1990, Supplement 26-42.

Lockwood, A. (1992), *Applying Service Quality Concepts to Tourism and Hospitality Education*, paper presented to Tourism Education in Europe: The Development of Quality, held in Valencia, Spain, April 8-10 1992.

Mager, R.F. (1962), *Preparing Instructional Objectives*, Belmont (Cal), Fearon.

Manwaring, G. and Elton, L. (1984),Workshop on Course Design in Cryer, P. (ed), *Training Activities for Teachers in Higher Education*, Vol 2, pp. 13-32. Guildford, Society for Research into Higher Education/Windsor, NFER-NELSON.

Messenger, S. (1992), *A Corpus of Knowledge for European Hospitality Managers*, paper presented to Tourism Education in Europe: The Development of Quality, held in Valencia, Spain, April 8-10 1992.

– (1992), *The UK Hospitality and Tourism Industry: An Overview of the Issues Affecting the Supply of Education and Training in the 1990s*, Progress in Tourism, Recreation and Hospitality Management, 3, 1991, 248-263.

– (1992), *The Implications of Competence-Based Education and Training Programmes for the Hospitality Industry in the 1990s*, Tourism Management, 13(1) March 1992, 134-136.

McIntosh, R. and Walther, C. (1981), *Teaching Tourism in 4-Year Degree Program*, Annals of Tourism Research, VIII(I): 1981, pp 134-135.

Moreo, P. J., Christianson, D. J., *European Hospitality Education: an Amercian Perspective*, Hospitality Education Research Journal, 12(2) 1988, 137-147.

Murphy, P. (1981), *Tourism Course Proposal for a Social Science Curriculum*, Annals of Tourism Research, 1981 VIII(I), pp 96-105.

Nailon, P. (1981), *Theory and Art in Hospitality Management*, Surrey University Inaugural Lecture, University of Surrey.

The UK Approach: Developing Managers for Tourism, A Comparative Review of Management Education and Training in the UK, Europe and North America, 1991, National Economic Development Office, London.

Pearce, D.E., (1981), *Course Content and Structure in the Geography of Tourism*, Annals of Tourism Research VIII(I): 1981, pp 106-115.

Pearce, P. L. (1991), *Locating Tourism Studies in the Landscape of Knowledge*, New Horizons Conference Proceedings, University of Calgary.

Pickup, T. and Wolfson, J. (1986), *Strategies for Effective Adult Learning in*: *FEU/PICKUP Report*, Module 2, Adult Learners and PICKUP, London, Longmans.

Quinn, S.J. and Ritchie, Dr. J.R.B. (1988), *Tourism Education in Canada – A Review and Assessment*, Proceedings of the First International Conference for Tourism Educators, University of Surrey.

Risby, A. and Churchett, R. (1992), *Case Studies of Quality Standards*, paper presented to Tourism Education in Europe: The Development of Quality, held in Valencia, Spain, April 8-10 1992.

Ritchie, J.R.B. (1988), *Alternative Approaches to Teaching Tourism*, Proceedings of the First International Conference for Tourism Educators, University of Surrey.

– (1992), New Horizons, New Realities: Perspectives of the Tourism Educator, pp 257-263, in Ritchie, J.R.B. and Hawkins, D. (eds) World Travel and Tourism Review, CAB, Oxford.

– (1992), *Foundations of Quality*, paper presented to Tourism Education in Europe: The Development of Quality, held in Valencia, Spain, April 8-10 1992.

Roberts, A. (1988), *Making a Success of Visits*, International Conference for Tourism Educators, University of Surrey.

Rowntree, D. (1982), *Educational Technology in Curriculum Development*, London, Harper and Row/Paul Chapman.

Scriven, M. (1967), *Primary Philosophy*, McGraw Hill, New York.

Skager, R. and Dave R.H. (1977) (eds), *Curriculum Evaluation for Lifelong Education*, Pergamon, Oxford.

Stark, R. (1991), *Challenges in Employment and Education*, paper presented at the EUHOFA Conference held at Estoril, Portugal, October 7-13 1991.

Sussman, S. and Vegas, L. (1992), *A Prototype Hotel Business Game for Teaching and Training*, Presented at the Conference of the International Association of Hotel Management School (IAHMS) held in Manchester on May 7-9 1992.

Stear, L. (1981), *Design of a Curriculum for Destination Studies*, pp 85-95, Annals of Tourism Research, 1981 VIII(I).

Theuns, H.L. and Rasheed, A. (1983), *Alternative Approaches to Tertiary Tourism Education with Special Reference to Developing Countries*, pp 42-51. Tourism Management, March 1983.

Tumapon, T. A. (1986), in Cryer, P. (ed), *Training Activities for Teachers in Higher Education* Volume 3, p 23, Guildford: Society for Research into Higher Education, 1986.

Tyler, R. (1949), *Basic Principles of Curriculum and Instruction*, Chicago, University of Chicago Press.

Weslake, I. (1983), *Going Places*, September 1983, pp. 14-16, New Home Economics.

WTO, *World Directory of Tourism Education and Training Institutions*, Madrid, 1992.

– *Educando Educadores en Turismo*, Madrid, 1995.

WITC, *Gearing UP for Growth: A Decade of Job Creation*, American Express Foundation/WTTC, London, 1994.